Inculturação litúrgica

Coleção CELEBRAR E VIVER A FÉ

- *Laboratório litúrgico*: pela inteireza do ser na vivência ritual – Luiz Eduardo Pinheiro Baronto

- *Viver a ritualidade litúrgica como momento histórico da salvação*: participação litúrgica segundo a *Sacrosanctum Concilium* – Valeriano Santos Costa

- *Inculturação litúrgica*: sacramentais, religiosidade e catequese – Anscar J. Chupungco

Anscar J. Chupungco, osb

INCULTURAÇÃO LITÚRGICA

Sacramentais, religiosidade e catequese

Dados Internacionais de Catalogação na Publicação (CIP)
(Câmara Brasileira do Livro, SP, Brasil)

Chupungco, Anscar J.
Inculturação litúrgica : sacramentais, religiosidade e catequese / Anscar J. Chupungco. — São Paulo : Paulinas, 2008. — (Coleção celebrar e viver a fé)

Título original : Liturgical inculturation : sacramentals, religiosity, and catechesis.
ISBN 978-85-356-2216-4
ISBN 0-8146-6120-3 (ed. original)

1. Catequese – Igreja Católica   2. Igreja Católica - Liturgia   3. Inculturação (Teologia cristã)   4. Religiosidade   I. Título.   II. Série.

08-00460   CDD-264.02

Índice para catálogo sistemático:

1. Inculturação litúrgica : Igreja Católica : Cristianismo   264.02

Título original: *Liturgical inculturation: sacramentals, religiosity, and catechesis*
© 1992 by The Liturgical Press, Saint John's Abbey, Collegeville, Minnesota 56321, U.S.A.

Direção-geral:	Flávia Reginatto
Editores responsáveis:	Vera Ivanise Bombonatto e Antonio Francisco Lelo
Tradução:	Luís Marcos Sander
Copidesque:	Anoar Jarbas Provenzi
Coordenação de revisão:	Marina Mendonça
Revisão:	Amália Ursi e Ana Cecilia Mari
Direção de arte:	Irma Cipriani
Gerente de produção:	Felício Calegaro Neto
Capa e editoração eletrônica:	Wilson Teodoro Garcia

Nenhuma parte desta obra poderá ser reproduzida ou transmitida por qualquer forma e/ou quaisquer meios (eletrônico ou mecânico, incluindo fotocópia e gravação) ou arquivada em qualquer sistema ou banco de dados sem permissão escrita da Editora. Direitos reservados.

Paulinas
Rua Pedro de Toledo, 164
04039-000 – São Paulo – SP (Brasil)
Tel.: (11) 2125-3549 – Fax: (11) 2125-3548
http://www.paulinas.org.br – editora@paulinas.com.br
Telemarketing e SAC: 0800-7010081
© Pia Sociedade Filhas de São Paulo – São Paulo, 2008

Sumário

Introdução 7

Capítulo I: Questões preliminares sobre a inculturação 9

A definição dos termos 9

O processo de inculturação 29

Os métodos de inculturação 36

Rumo à criatividade litúrgica 52

Capítulo II: Sacramentais e inculturação litúrgica 55

Uma definição de sacramentais 55

Os princípios conciliares da inculturação 59

As normas conciliares específicas de inculturação 73

A inculturação de acordo com as edições típicas 78

Conclusão 98

Capítulo III: Religiosidade popular e inculturação litúrgica 101

A liturgia e a religiosidade popular 101

A inculturação e as formas de religiosidade popular 107

A inculturação e os traços da religiosidade popular 116

A religiosidade popular e o método da inculturação 129

Capítulo IV: A inculturação da catequese litúrgica................... 147

A liturgia e a catequese.. 147

A catequese litúrgica no período patrístico 153

A catequese e as edições típicas... 173

Aculturação ou inculturação?.. 183

Resumo... 188

Índice onomástico 193

Introdução

A inculturação como ramo do estudo da liturgia tem um escopo bem amplo. Ela cobre as áreas de história e teologia, princípios litúrgicos e culturais, processos e métodos, sacramentos e sacramentais, Liturgia das Horas, ano litúrgico, música litúrgica, artes e acessórios litúrgicos, e tópicos afins, como religiosidade popular e catequese. A lista é bastante genérica, pois cada um desses tópicos tem vários aspectos.

Este volume, que é uma continuação de *Liturgias do futuro: processos e métodos de inculturação*,[1] revisa os diferentes termos técnicos que expressam a relação entre liturgia e cultura antes de passar à discussão da questão dos sacramentais, da religiosidade popular e da catequese litúrgica. Embora os três tópicos sejam diferentes, eles compartilham a mesma preocupação básica da inculturação. Para que os sacramentais e a catequese sejam relevantes, eles necessitam ser inculturados. Para que a liturgia se relacione com a experiência religiosa de um grande segmento da Igreja, ela tem de interagir com a religiosidade popular.

Ao longo deste livro, enfatiza-se muito o método, com óbvia parcialidade pela equivalência dinâmica. A inculturação não é, estritamente falando, criatividade; é a tradução dinâmica das edições típicas para as culturas das Igrejas locais. Parte do método consiste em examinar com grande cuidado o que as edições típicas permitem, propõem e sugerem, assim como parte do método é considerar também o que a cultura oferece ou requer. A inculturação opera a partir de realidades existentes na Igreja e no mundo. A inculturação não exclui, todavia, a criatividade, que é a fase final da renovação litúrgica do Vaticano II. Só a criatividade pode satisfazer plenamente todas as necessidades espirituais e culturais

---

[1] A. Chupungco, *Liturgias do futuro: processos e métodos de inculturação*, São Paulo, 1992.

de uma Igreja local, embora a inculturação ainda seja a melhor escola para aprendê-la.

Várias pessoas contribuíram para o conteúdo deste livro. Dentre elas, destacam-se meus colegas e estudantes no Pontifício Instituto Litúrgico, com os quais mantive discussões enriquecedoras, para não dizer debates, sobre a inculturação. Muitas outras colaboraram durante o fórum aberto que se seguiu às palestras que tive o privilégio de proferir em várias partes do mundo. Suas reações pessoais, sejam simpáticas ou críticas, influenciaram muito meu pensamento sobre os temas aqui abordados.

Como os livros anteriores que escrevi sobre inculturação, este certamente tem arestas não aparadas e aspectos incompletos. Desde que comecei a lecionar o curso sobre adaptação litúrgica no Pontifício Instituto Litúrgico em 1973, sempre estive muito consciente de que o terreno em que piso está repleto de incertezas. É com consciência das limitações que ofereço este volume aos colegas liturgistas e estudantes na esperança de suscitar novas reflexões sobre a melhor maneira de tornar a liturgia viva e relevante para nosso tempo.

I

Questões preliminares sobre a inculturação

A definição dos termos

Ao longo dos anos, experimentaram-se diferentes termos técnicos em círculos litúrgicos na tentativa de expressar com a maior exatidão possível a relação entre liturgia e cultura. Os mais populares entre eles são "indigenização", "encarnação", "contextualização", "revisão", "adaptação", "aculturação" e "inculturação". Para descrever como funciona a inculturação, outros termos técnicos, como "transculturação" "deculturação" e "exculturação", foram criados subseqüentemente e entraram no vocabulário ativo dos estudos acadêmicos. Embora atualmente esteja bastante na moda utilizar esses termos técnicos, especialmente "inculturação", é importante ter presente que se trata de expressões específicas. Eles pertencem à terminologia peculiar empregada em diferentes ocasiões por antropólogos e emprestada com gratidão por teólogos, missiólogos e liturgistas. Para os não-iniciados, esses termos são estranhos, em sua maioria, se não lingüisticamente agramaticais.[1]

Cada um desses termos técnicos, quando empregados para falar sobre a liturgia, refere-se a uma faceta específica da relação entre litur-

---

[1] O *Vocabulário Ortográfico da Língua Portuguesa* não aceita "inculturação", embora tenha a entrada "aculturação".

gia e cultura. No entanto, nenhum é suficientemente abrangente para expressar o espectro pleno dessa relação. Todos eles transmitem a idéia da interação entre duas ou mais partes, mas termos como "revisão", "adaptação" e "contextualização" não têm suportes culturais imediatos, enquanto o termo "encarnação" implica, pelo menos no emprego teológico contemporâneo, algum tipo de intercâmbio cultural. Não existe uma definição precisa e inequívoca desses termos, mas se deveria ter o cuidado de não usá-los como sinônimos, para que eles não percam sua nuança própria, tornando, assim, difícil detectar seu significado exato ou aquilo que o autor tem em mente.

Nem todos os termos mencionados anteriormente vão permanecer. De fato, "indigenização" saiu completamente de uso, enquanto "encarnação" e "contextualização" não têm mais a popularidade que desfrutavam no passado. No entanto, seria útil esclarecer como foram usados no passado e como a literatura litúrgica contemporânea os compreende.[2]

Indigenização

Formado a partir da palavra "indígena", este termo designa o processo de dar à liturgia cristã uma forma cultural que seja nativa à comunidade local. Na década de 1970, D. S. Amalorpavadass introduziu esse termo na liturgia. O que ele realmente queria expressar era a adaptação da liturgia cristã no arcabouço da cultura da Índia. Ele explicou que a "indigenização" visa "dar à nossa liturgia um contexto e uma compleição mais indianos". Para ele, "indigenização" era, de fato, uma outra palavra para designar a "indianização".

De acordo com Amalorpavadass, o processo tem três fases. A primeira consiste em criar um contexto indiano para o culto através da introdução de gestos, formas de reverência, objetos sagrados, silêncio e interioridade,

---

[2] Para expor os termos "indigenização", "encarnação" e "contextualização", contei com a contribuição da tese inédita de N. VALLE intitulada *Adaptation and Related Terms in Missiological, Theological, and Liturgical Literature*, que ele apresentou ao Pontifício Instituto Litúrgico em 1989. A bibliografia usada por Valle cobre os anos 1926 a 1989. Veja P. SCHINELLER, *A Handbook on Inculturation*, New York, 1990, pp. 14-27.

que são característicos da cultura religiosa indiana. A segunda consiste em fazer traduções adequadas da liturgia para o vernáculo e, por fim, compor novos textos litúrgicos. A terceira consiste em ler os livros sagrados da Índia, especificamente o *Rig Veda*, como parte da Liturgia da Palavra.[3]

Sob a influência de Amalorpavadass, liturgistas nas Filipinas também usaram o termo "indigenização". No contexto da década de 1970, que testemunhou o reavivamento do interesse pela herança cultural nativa das Filipinas, o termo "indigenização" foi entendido como mais do que um mero sinônimo de "adaptação litúrgica". Ele tentou promover entre as pessoas o apreço por seus valores e suas tradições culturais. Se na Índia "indigenização" significava "indianização", nas Filipinas era outra maneira de dizer "filipinização".

De fato, os católicos filipinos não conheceram nenhuma forma de culto oficial senão a liturgia romana. Mas ela continua sendo um elemento estranho no corpo de práticas religiosas conservadas pela vasta maioria dos fiéis. A razão disso foi a incapacidade de a liturgia, antes do Vaticano II, absorver tradições indígenas. Mesmo durante seu período barroco, a liturgia ignorou a existência de expressões culturais filipinas nativas, embora elas tivessem características bem semelhantes ao barroco. Na década de 1970, sentiu-se a necessidade de incorporar valores e tradições nativas aos textos e ritos do culto oficial para aproximar a liturgia romana da experiência cultural dos celebrantes filipinos. "Indigenização" passou a significar o processo de integração da forma ocidental existente de culto com os elementos indígenas que constituem a cultura filipina. Antes, tinha acontecido um processo semelhante de integração, quando práticas nativas assimilaram elementos do culto cristão para produzir formas de religiosidade popular, que, na época, alguns liturgistas chamaram entusiasmadamente de "liturgias populares".[4]

---

[3] D. S. AMALORPAVADASS, *Towards Indigenisation in the Liturgy*, Bangalore, 1971, pp. 26-53. O Sínodo dos Bispos de 1974 discutiu extensamente a questão da indigenização na Igreja. Veja P. O'CONNOR, The Bishops' Synod and Indigenization, *World Mission*, v. 26, pp. 4-12, 1975.

[4] A. CHUPUNGCO, *Towards a Filipino Liturgy*, Quezon City, 1976, pp. 47-95; id., A Filipino Attempt at Liturgical Inculturation, *Ephemerides Liturgicae*, v. 91, nn. 4-5, pp. 370-376, 1977.

Na área da música litúrgica, uma tentativa significativa foi feita nas Filipinas, já na década de 1960, por B. Maramba, que compôs música para o Ordinário da Missa. A obra, intitulada *Pilipino Chant*, foi publicada em várias línguas. O traço peculiar da composição de Maramba é seu uso de ritmo e melodias indígenas das tribos Ifugao, Kalinga e Maranaw. Como era de esperar, essa obra pioneira soou estranha para as comunidades das regiões de planície, que geralmente estão mais sintonizadas com a música ocidental.[5] Desde o início, a pergunta que afligia os liturgistas nas Filipinas era se o conceito e a compreensão de cultura deveriam ser limitados ao que é indígena. A recuperação de uma forma indígena de música não alienaria a liturgia da expressão cultural contemporânea? Sabemos que a cultura está incessantemente submetida à evolução, por causa de seu dinamismo interior, e que é continuamente enriquecida, e talvez também empobrecida, devido à interação com outras culturas. De qualquer forma, a fase contemporânea da cultura não deveria ser o ponto de ruptura e, portanto, o ponto de partida para o processo de renovação litúrgica no país?

Na década de 1970, o termo "indigenização" expressava tentativas locais de adaptar a liturgia ao que se percebia como os elementos nativos ou indígenas da cultura do povo. De certa forma, ele propunha a idéia vaga de uma liturgia nativa. Porém, tanto etimológica quanto literalmente, o termo representa uma impossibilidade. Algo é indígena quando se origina ou é produzido, cresce e vive naturalmente em sua própria região ou ambiente. Nesse sentido, nada pode ser tornado nativo ou indígena em solo estrangeiro. Por isso, uma liturgia cristã indigenizada é uma impossibilidade, e uma forma indígena de culto somente é possível na terra de sua origem. Aquilo que o Papa João Paulo II afirma sobre a mensagem do Evangelho certamente se aplica à liturgia: "[…] não surge de maneira espontânea de nenhum substrato cultural; além disso, transmite-se sempre

---

[5] O *Pilipino Chant* foi publicado em 1965 pela Abadia Beneditina de Manila em inglês, tagalo, cebuano, bicol, hiligaynon, pampango e pangasinan. A respeito dessa obra, B. MARAMBA observa que "a música do *Pilipino Chant* foi predeterminada, por assim dizer, pelos sotaques e acentos das línguas filipinas nativas […]. O ritmo do cântico não depende dos valores das notas, mas de padrões de fala" (*Misa nga Pilipino sa Hiligaynon*, Manila, 1965, p. 2).

através de um diálogo apostólico que inevitavelmente está inserido num certo diálogo de culturas".[6] A liturgia é constituída de elementos essenciais que foram divinamente instituídos; eles são transmitidos através da pregação apostólica. Embora a liturgia tenha sido exitosamente enxertada em culturas fora de sua origem, ela não se tornou, com isso, indígena em relação a qualquer uma delas.

Outra dificuldade apresentada pelo termo "indigenização" é a questão de determinar que elementos fazem parte da cultura indígena. Quantas nações do mundo podem afirmar hoje possuir uma cultura que não tenha mistura de outras culturas? A pergunta é especialmente relevante para países multiculturais como os Estados Unidos e o Brasil. Embora tenham uma comunidade indígena, são um cruzamento de grupos étnicos provenientes de todas as regiões do mundo. Seu princípio constitutivo, *e pluribus unum*, criou o fenômeno incomum de uma nação verdadeiramente multiétnica em que a cultura indígena nativa não representa o substrato de toda a civilização. Uma liturgia indigenizada nos Estados Unidos, se é que isso seja possível, iria excluir, de fato, todas as outras comunidades étnicas.

Além da dificuldade prática de definir o que é indígena, também há o risco de criar uma liturgia que seja de interesse para os historiadores da cultura, mas não para a assembléia litúrgica como um todo. A volta à forma indígena de cultura ou a um tipo ancestral dá a impressão de arqueologia e romantismo. Sabemos que as culturas estão em um contínuo processo de mudança devido à influência mútua incentivada pelos meios de comunicação modernos. Uma cultura não pode ser definida sem a devida consideração de seus elementos recentemente adquiridos. É óbvio que a cultura indígena, se não existe mais, não pode ser o ponto de encontro entre a liturgia e a cultura. Como a liturgia é uma expressão viva da fé, seus elementos culturais, com exceção daqueles que são de instituição divina, deveriam ser igualmente contemporâneos. O termo

---

[6] João Paulo II, *Catechesi tradendae* [A catequese para hoje], 15. ed., São Paulo, Paulinas, 1982, VII, n. 53. De agora em diante, citado como CT.

••• 13 •••

"indigenização" pode criar a impressão errada de que a liturgia está sob a supervisão de historiadores e curadores de museus.

Encarnação

O decreto *Ad gentes* do Vaticano II inspirou autores litúrgicos a designar a adaptação como "encarnação". O número 22 do decreto fala da encarnação de Cristo como o paradigma para as Igrejas jovens: "Certamente, de modo análogo à economia da encarnação [*ad instar oeconomiae incarnationis*], as Igrejas jovens, enraizadas em Cristo e construídas sobre o fundamento dos apóstolos, assumem, por um maravilhoso intercâmbio, todas as riquezas das nações que foram dadas a Cristo em herança". A idéia também está presente em *Ad gentes* 10:

> A Igreja, a fim de poder oferecer a todos o mistério de salvação e a vida trazida por Deus, deve inserir-se em todos esses agrupamentos [humanos] impelida pelo mesmo movimento que levou o próprio Cristo, na encarnação, a sujeitar-se às condições sociais e culturais dos seres humanos com quem conviveu.

A expressão *ad instar oeconomiae incarnationis* indica que o decreto conciliar estabelece a encarnação de Cristo como um modelo a ser copiado fielmente. Na imitação de Cristo, que, graças à encarnação, uniu-se à nação judaica, a Igreja local deveria esforçar-se para se identificar com as pessoas entre as quais habita. Da mesma forma como Cristo se tornou um judeu em todas as coisas exceto no pecado, assim a Igreja deveria tornar-se não somente uma Igreja *em*, mas a Igreja *de* um lugar específico. A encarnação da Igreja local afeta inevitavelmente a liturgia, que igualmente se implantará nas tradições e na cultura de cada povo. Pode-se afirmar que o processo da encarnação da Igreja se completará quando a liturgia tiver incorporado em seus ritos e textos as expressões culturais do povo.

Sempre que se menciona a encarnação em conexão com a inculturação, há liturgistas que, no espírito do mistério pascal redescoberto, anexam automaticamente a ressurreição. E. Kilmartin chega ao ponto de dizer que "o análogo principal da inculturação é a encarnação, vida, morte e glorificação de Jesus Cristo".[7] A afirmação é verdadeira, mas precisa ser nuançada. O mistério da ressurreição de Cristo não é um paradigma de inculturação; diferentemente do mistério da encarnação, ele não pode ser imitado. No entanto, ele é o motivo subjacente pelo qual a liturgia deveria se encarnar: para que a presença do Cristo ressurreto, que agora está sentado à direita de Deus, possa continuar a ser vivenciada na Igreja.

A expressão "encarnação da liturgia" é, às vezes, usada como equivalente de "adaptação litúrgica". Mas seria mais exato considerá-la a base teológica da adaptação litúrgica, e não sinônimo dela. "Encarnação", tanto como mistério cristão quanto como termo técnico, enriquece nossa compreensão de adaptação. Como mistério, ela explica por que a Igreja e sua liturgia deveriam se adaptar à cultura e às tradições das pessoas. O que aconteceu quando Deus se tornou humano e habitou entre nós acontece agora quando a Igreja e sua liturgia incorporam "as riquezas das nações". Como termo técnico, "encarnação" confere profundidade à adaptação, que muitas vezes é simplesmente entendida como uma obra de ajuste externo a uma situação ou como conformidade com uma situação. A liturgia não é meramente adaptada; ela é, por assim dizer, unida hipostaticamente com as tradições e a cultura da Igreja local. Em resumo, ela se encarna.

Depois do concílio, um número considerável de liturgistas, entre eles C. Braga e I. Omaecheverria, aprofundaram a relação entre encarnação e adaptação.[8] Há um debate contínuo sobre se é apropriado ou inclusive correto usar "encarnação" como sinônimo de "adaptação". As pessoas que preferem falar de adaptação como encarnação afirmam que,

---

[7]   E. KILMARTIN, Culture and the Praying Church, *Canadian Studies in Liturgy*, v. 5, p. 62, 1990.

[8]   C. BRAGA, Un problema fondamentale di pastorale liturgica: adattamento e incarnazione nelle varie culture, *Ephemerides Liturgicae*, v. 89, pp. 5-39, 1975; I. OMAECHEVERRIA, The Dogma of the Incarnation and the Adaptation of the Church to Various Peoples, *Omnis Terrae*, v. 73, pp. 277-283, 1976. Veja também A. CHUPUNGCO, *Cultural Adaptation of the Liturgy*, New York, 1982, pp. 58-62; F. G. BRAMBILLA, Ermeneutica teologica dell'adattamento liturgico, *Liturgia e Adattamento*, Roma, pp. 39-83, especialmente 54-71, 1990; D. S. AMALORPAVADASS, Theological Reflections on Inculturation, *Studia Liturgica*, v. 20, n. 1, pp. 36-54, 1990.

diferentemente de "adaptação", "encarnação" não tem a idéia de imposição externa. "Encarnação" implica que as formas litúrgicas se desenvolvem a partir da experiência da Igreja local.[9] Há, porém, autores que, por reverência ao mistério da encarnação de Cristo, fazem objeção ao uso mais amplo do termo. "Encarnação" é um termo técnico que deveria ser reservado para expressar o mistério único de Deus, que assumiu a nossa natureza humana. Apoiando essa opinião, observamos que o decreto *Ad gentes* expressa sua doutrina cuidadosamente ao designar a encarnação de Cristo como o modelo do encontro entre a Igreja e a cultura. Ele não fala desse encontro como de uma encarnação.

Contextualização

Esse termo foi introduzido no vocabulário ativo da Igreja em 1972 pelo Conselho Mundial de Igrejas.[10] Derivado da palavra "contextual", ele expressa adequadamente a necessidade de a Igreja ser relevante. A vida e a missão da Igreja serão relevantes caso se relacionem com a sociedade contemporânea. O ambiente e o entorno em que a Igreja local vive são os contextos que lançam luz sobre sua teologia, vida sacramental e atividade missionária. O termo ecoa claramente a exigência de relevância feita pelo Vaticano II, expressa em sua constituição *Gaudium et spes*. Essa constituição pastoral procura expor a relação da Igreja com o mundo moderno.

Como, em algumas partes do mundo, a opressão humana é o traço dominante da vida cotidiana, o contexto em que a Igreja local vive e atua é profundamente afetado pela luta por liberdade política, econômica e cultural. Nesses lugares, emprega-se "contextualização" para significar esforços rumo à libertação. Isso explica por que o termo ganhou popularidade em lugares onde a teologia da libertação e da esperança criou raízes por causa da preocupação com o progresso material, a justiça social e a liberdade política. A contextualização é, pois, uma pauta que exige ação

---

[9] R. Ramirez, Liturgy from the Mexican American Perspective, *Worship*, v. 51, pp. 293-298, 1977.

[10] R. Costa, *One Faith, Many Cultures: Inculturation, Indigenization, and Contextualization*, New York, 1988.

imediata e resoluta. Ela convida a Igreja a revisar suas instituições sociais no contexto das aspirações humanas de liberdade e progresso e a apoiar plenamente as pessoas que lutam com justiça para alcançá-las.[11]

Em situações de opressão política e econômica, a liturgia da Igreja local cede inevitavelmente às exigências da reflexão teológica contextualizada. Isso se notará especialmente em escolas onde os alunos estão ativamente envolvidos em questões sociopolíticas, bem como em comunidades cristãs de base que se defrontam com os problemas da pobreza e da injustiça. Nessas escolas e comunidades, a liturgia se tornou, às vezes, um fórum que dramatiza a situação difícil dos oprimidos e dos pobres. As liturgias contextualizadas usam símbolos vistos com freqüência durante passeatas e demonstrações de rua. Na década de 1970, a Igreja nas Filipinas, então sob lei marcial, testemunhou uma onda de liturgias criativas que adotaram os *slogans*, gestos, cartazes e bandeiras vermelhas usados por grupos militantes para expressar protesto.

As liturgias contextualizadas adotam também a linguagem de protesto que visava suscitar ira ou induzir uma ação decisiva. Palavras como luta são proeminentes no léxico marxista, enquanto expressões como erguer os humildes são de origem bíblica. Típica de liturgias contextualizadas é a seguinte intenção para a oração dos fiéis, composta na década de 1970: "Pelos poderosos e influentes da terra: preserva-os de falsas ideologias e da fome por poder; dá-lhes prudência para evitar guerras e promover a paz". A intenção que se segue também é típica: "Que a Igreja em nosso país não seja mais identificada financeiramente com os ricos, socialmente com os poderosos e politicamente com os opressores".[12] Esse tipo vigoroso de linguagem, quase inflamatório, aponta um dedo acusador para a Igreja e para as pessoas que têm poder. De certo modo, a contextualização é aliada ao papel profético do cristianismo.[13] Através

---

[11] No campo da missiologia, L. LUZBETAK usa "contextualização" para expressar a relação entre a cultura e a teologia. Veja seu artigo Signs of Progress in Contextual Theology, *Verbum SVD*, v. 22, pp. 39-57, 1981.

[12] *100 Prayers of the Faithful*, Manila, 1972, n. 8, p. 16; n. 21, p. 25.

[13] Cf. P. HIEBERT, Critical Contextualization, *Missiology*, v. 12, pp. 287-296, 1984; D. HESSELGRAVE; E. ROMMEN, *Contextualization: Meaning, Methods and Models*, Grand Rapids, 1989.

da contextualização, os ideais da teologia da libertação ganharam acesso aos confins sagrados do culto.

Mas a contextualização não é algo do passado. Ela representa a preocupação contínua da Igreja de ser relevante para o mundo contemporâneo. Ao mesmo tempo, ela sugere que o culto não se deveria dissociar do contexto real da vida humana. D. Power é um dos que expressa a conveniência de usar linguagem contextualizada na liturgia. Em todo o rito alternativo proposto por ele para a "ordenação de um presbítero em uma Igreja constituída por comunidades cristãs de base", encontramos expressões que revelam a atitude responsiva do autor à questão da contextualização. Exemplos são: "Deus, doador e senhor da vida, tua Igreja está envolvida na luta para manter vivo teu nome"; "Dentre os fracos e impotentes do mundo, tu suscitas para ti profetas e mestres. Nas pessoas que lutam pela justiça, tu dás à tua Igreja seus mártires, testemunhas da verdade e do amor divino"; "Concede que ele [o presbítero] seja inspirado pela chama do amor para compartilhar a luta das pessoas contra a injustiça e para aprender com a esperança delas".[14]

Embora a contextualização esteja diretamente preocupada com a situação de opressão e privação, não se pode dizer que ela ignore a interação que acontece entre a liturgia e a cultura. O contexto é uma expressão vibrante da cultura humana. Para que a liturgia seja inculturada, ela também precisa ser contextualizada. A. Stauffer salientou corretamente que a contextualização faz parte do processo de inculturação.[15]

Revisão

Este termo é um verbete importante no vocabulário ativo da constituição sobre a liturgia, a qual em várias ocasiões prescreve que as edições típicas dos livros litúrgicos deveriam ser revistas para destacar mais claramente a

---

[14] D. Power, Alternative 1: Ordination of a Presbyter in a Church Constituted by Basic Christian Communities, in: *Alternative Futures for Worship*, 7 v., Collegeville, 1987, v. 6, pp. 157-164; veja também seu artigo Liturgy and Empowerment, in: ibid., pp. 81-104.

[15] Cf. A. Stauffer, Inculturation and Church Architecture, *Studia Liturgica*, v. 20, n. 1, pp. 70-80, 1990.

natureza e o propósito dos ritos. O movimento litúrgico pré-conciliar, muitas vezes chamado de "clássico" por causa de sua marcante predileção pela forma clássica do Rito Romano, exerceu uma profunda influência sobre os autores da constituição sobre a liturgia. Não deveria causar surpresa que o documento conciliar tenha seguido rigorosamente o projeto da reforma clássica. SC 34 articula esse princípio revisionista nas seguintes palavras: "As cerimônias resplandeçam de nobre simplicidade, sejam claras na brevidade e evitem as repetições inúteis; devem adaptar-se à capacidade de compreensão dos fiéis e não precisar, em geral, de muitas explicações".

A revisão sugere que os livros litúrgicos, neste caso os livros tridentinos, sejam examinados de novo a fim de corrigi-los, emendá-los, melhorá-los ou atualizá-los. Seria útil esclarecer duas coisas quanto a isso. Em primeiro lugar, a revisão trabalha sobre livros existentes. O concílio não previu edições típicas completamente novas dos livros litúrgicos, exceto onde não existiam anteriormente. Em segundo lugar, o trabalho de revisão segue o modelo clássico. Nesse sentido, a revisão das edições típicas é uma espécie de restauração. Durante o concílio, aqueles que propunham a restauração clássica foram criticados por alguns padres conciliares por aparentemente defenderem modelos antiquados ou obsoletos. Julgando a partir do contexto em que o termo "revisão" estava sendo usado, parecia haver uma contradição entre revisão como um meio de *aggiornamento* e a restauração clássica da liturgia romana.[16]

Mas o que os autores da constituição tinham em mente era oferecer às Igrejas locais um modelo litúrgico, uma edição típica, caracterizada pela *sobrietas romana*. Dessa maneira, elas podem adaptar mais facilmente os livros litúrgicos à sua cultura segundo o exemplo das Igrejas franco-germânicas no século VIII. Portanto, o termo "revisão", da forma como é usado pela constituição sobre a liturgia, refere-se ao trabalho pós-conciliar e preliminar de emendar as edições típicas tridentinas em harmonia com a forma clássica do Rito Romano antes de ser apresentadas às Igrejas locais para adaptação.

---

[16] Cf. A. CHUPUNGCO, *Liturgias do futuro: processos e métodos de inculturação*, cit., pp. 7-13.

Adaptação

Em *Liturgias do futuro*, abordei, até certo ponto, os termos "adaptação", "aculturação" e "inculturação" e o tema do processo e dos métodos de inculturação.[17] Seria útil, porém, cobrir brevemente de novo o terreno do que esses termos significam no uso litúrgico e anexar os resultados do pensamento recente sobre o tema. Seria igualmente útil discutir mais demoradamente as questões relativas ao processo e aos métodos de inculturação litúrgica.

"Adaptação" é a palavra oficial usada pela constituição sobre a liturgia, especialmente nos números 37-40. Esse documento conciliar usa *aptatio* e *accomodatio* como sinônimos, embora, no capítulo que trata dos sacramentos e sacramentais, *accomodatio* substitua sistematicamente *aptatio*, aparentemente como uma *via media*, ou medida de conciliação. Lembramos que, a uma certa altura durante a discussão conciliar, *aptatio* começou a parecer uma ameaça. Alguns dos padres conciliares se sentiam pouco à vontade com a palavra, pois, no auge do movimento litúrgico, ela veio a ser associada com a reforma radical dos sacramentos.

A distinção entre *aptatio* e *accomodatio* somente começou a tomar forma com a publicação das edições típicas dos livros litúrgicos conciliares. A parte introdutória desses livros normalmente contém duas seções sobre adaptação: *De aptationibus*, que é a competência da conferência episcopal, e *De accomodationibus*, que é o direito e dever do ministro. *Accomodatio* pode ser traduzido para o inglês como *accommodation* ["acomodação"], porém, por uma razão óbvia, a ICEL (International Commission on English in the Liturgy) optou por traduzir a palavra como *adaptation* ["adaptação"]. Contudo, não se deveria perder a distinção entre as duas palavras latinas. Um tipo de adaptação diz respeito à conferência episcopal, que, em relação a isso, normalmente opera através da comissão litúrgica. O outro tipo se refere ao que o ministro pode ou deveria mudar na celebração por razões pastorais. Os livros litúrgicos dão exemplos

---

[17] Cf. ibid., pp. 23-25; veja também id., *Cultural Adaptation of the Liturgy*, pp. 42-57.

específicos a propósito de um e de outro. A principal diferença entre *aptatio* e *accomodatio* é que a primeira, quando aprovada pela autoridade romana, requer que as mudanças sejam inseridas no ritual da Igreja local, enquanto a última é uma alteração ou modificação temporária do rito feita pelo ministro a fim de criar espaço para o interesse ou as necessidades especiais de vários grupos.

Que significado a constituição sobre a liturgia dá a "adaptação"? SC 1 afirma que um dos objetivos do concílio é "adaptar melhor às exigências do nosso tempo aquelas instituições que são suscetíveis de mudanças". Seguindo esse documento, podemos supor que "adaptação" se refira ao programa geral da renovação ou atualização da Igreja. Temos todos os motivos para pensar que a constituição sobre a liturgia usa o termo *aptatio* (ou *accomodatio*) como equivalente do célebre *aggiornamento* para o qual o papa João XXIII convocou o Vaticano II. Para produzir o *aggiornamento*, ou a atualização da liturgia, é inevitável adaptá-la às circunstâncias contemporâneas, fazer os ajustes necessários e acomodar o pensamento atual sobre o culto público. A constituição sobre a liturgia propõe duas maneiras de fazer isso: revisão dos ritos existentes e adaptação às necessidades da época.

Mas "adaptação" não é um termo antropológico; de fato, ele é culturalmente neutro. É por isso que SC 37-40, quando aborda a questão da adaptação à cultura, fala de "Normas para a adaptação [da liturgia] à índole e tradições dos povos", que se designa de forma abreviada como "adaptação cultural". Além disso, como G. Arbuckle salientou com vigor, o termo é associado com a manipulação da cultura no passado por parte dos colonizadores. Por isso, ele sugere que esse termo seja eliminado do vocabulário teológico e litúrgico e substituído por um novo e melhor, ou seja, "inculturação", que foi criado para expressar "as implicações evangélicas da teologia da Igreja local".[18]

"Inculturação" é agora uma palavra familiar em círculos litúrgicos. Porém, em deferência à terminologia estabelecida da constituição sobre

---

[18] G. Arbuckle, Inculturation, Not Adaptation: Time to Change Terminology, *Worship*, v. 60, n. 6, pp. 512-520, 1986.

a liturgia, livros litúrgicos oficiais continuam a usar o termo "adaptação". Isso provavelmente explica por que o significado de "adaptação" permanece fluido e seu uso flexível. Um número considerável de liturgistas alterna os termos "adaptação" e "inculturação" ou então os combina para formar a expressão híbrida "adaptação cultural". Aqueles que não desejam afastar-se da linguagem conciliar afirmam que o termo "inculturação" apresenta uma série de arestas não aparadas que ainda necessitam ser polidas antes que seja liberado como substituto digno para "adaptação". Por fim, aqueles que optam por manter ambos os termos reconhecem o valor e o emprego de cada um. Ambos se referem à atualização de instituições da Igreja. "Adaptação" denota o programa geral de atualização, enquanto "inculturação" é um dos meios para alcançá-la.[19]

Inculturação

De acordo com G. De Napoli, o termo "inculturação" foi criado em 1973 por G. L. Barney, um missionário protestante que era professor na Nyack Alliance School of Theology, em Nyack, Nova York. Sublinhando a necessidade de manter a mensagem cristã intacta ao longo do curso do intercâmbio cultural, Barney usou o termo no contexto de missões além das fronteiras do cristianismo. Ele lembrou zelosamente a seus colegas missionários que, no processo de inculturar os componentes supraculturais do Evangelho em uma nova cultura, sua natureza essencial não deveria ser perdida nem distorcida.[20] Embora Barney estivesse aparentemente mais preocupado em manter a fé intacta do que em criar um termo técnico, ele, sem sabê-lo, enriqueceu o vocabulário da Igreja com uma palavra nova que rapidamente recebeu a aprovação de líderes da Igreja e estudiosos.

---

[19] Por exemplo, o congresso de professores italianos de 1989 discutiu o tema "Liturgia e adaptação". As palestras foram publicadas em *Liturgia e adattamento: dimensioni culturali e teologico-pastorali*, Roma, 1990. De modo semelhante o 4º Congresso Internacional de Liturgia, realizado pelo Pontifício Instituto Litúrgico de 6 a 10 de maio de 1991, tinha o título "Adaptação cultural da liturgia: métodos e modelos".

[20] Escreve G. Barney: "A natureza essencial desses componentes supraculturais não deveria ser perdida nem distorcida, mas assegurada e interpretada claramente através da orientação do Espírito Santo ao serem 'inculturados' nessa nova cultura" (The Supracultural and the Cultural: Implications for Frontier Missions, in: *The Gospel and Frontier Peoples*, Pasadena, 1973). Cf. G. De Napoli, Inculturation as Communication, *Inculturation*, v. 9, pp. 71-98, 1987.

Os jesuítas fizeram sua parte no lançamento do novo termo. Os delegados da 32ª Congregação Geral da Companhia de Jesus, realizada em 1975, adotaram o termo latino *inculturatio* durante suas discussões.[21] A palavra provavelmente pretendia ser o equivalente latino de "enculturação". Como o latim não tem o prefixo "en", tornou-se necessário usar "in". A mudança de "enculturação" para "inculturação" acarretou uma mudança na significação de palavras. A. Shorter salienta que "enculturação" é de fato um jargão antropológico para designar a "socialização", ou o processo de aprendizagem "pelo qual uma pessoa é inserida em sua cultura".[22] Substituindo rapidamente "enculturação", "inculturação" assumiu, por fim, um significado totalmente diferente em círculos teológicos, litúrgicos e missiológicos.

Em 1979, o papa João Paulo II introduziu "inculturação" nos documentos oficiais da Igreja. Em seu discurso à Pontifícia Comissão Bíblica, ele observou que "o termo 'aculturação' ou 'inculturação' pode ser um neologismo, mas expressa muito bem um dos elementos do grande mistério da encarnação".[23] Durante aquele mesmo ano, o Papa detalhou essa afirmação na exortação apostólica *Catechesi tradendae*. Depois de apresentar as várias condições que deveriam caracterizar a relação entre catequese e cultura, ele explica que a catequese tem uma dimensão encarnacional. "Os catequetas autênticos", escreve ele, "sabem bem que a catequese tem de se 'encarnar' nas diferentes culturas e nos diversos meios [...]".[24] Através do mistério da encarnação, a Palavra de Deus assumiu uma natureza humana. Através do processo de inculturação, a catequese, que é uma forma de proclamar o Evangelho, adquire expressão cultural.

Na década de 1970, os liturgistas se ocuparam com a disseminação de informações sobre os livros litúrgicos recém-revisados. Eles estavam

---

[21] Cf. A. CROLLIUS, What Is So New About Inculturation?, *Gregorianum*, v. 59, pp. 721-738, 1978.

[22] A. SHORTER, *Toward a Theology of Inculturation*, London, 1988, pp. 5-6.

[23] JOÃO PAULO II, Discurso à Pontifícia Comissão Bíblica, in: *Fede e cultura alla luce della Bibbia*, Torino, 1981, p. 5.

[24] CT, VII, 53.

ocupados demais com essa preocupação imediata para se ater à melhor maneira de designar a adaptação. Entre os primeiros a usar o termo "inculturação" em conexão com a liturgia, esteve C. Valenziano, professor de antropologia cultural no Pontifício Instituto Litúrgico em Roma. Em um artigo sobre liturgia e religiosidade popular, publicado em 1979, ele cita a inculturação como um método que pode produzir uma interação mútua entre a liturgia e as várias formas de religiosidade popular.[25]

Que significação a palavra "inculturação" tem quando é usada no campo do estudo da liturgia? Para responder a essa pergunta, é necessário examinar "inculturação" em relação a um outro termo, ou seja, "aculturação". Durante certo tempo, os dois termos foram empregados alternadamente, porém, ao longo dos anos, tornou-se mais claro que, embora estejam estreitamente relacionados, eles não devem ser considerados exatamente sinônimos.

Aculturação

Em sua instrutiva obra *Toward a Theology of Inculturation* [Rumo a uma teologia da inculturação], Shorter define a aculturação como "o encontro entre uma cultura e outra, ou o encontro entre duas culturas". Um aspecto importante desse encontro, explica ele, é que a comunicação entre as duas culturas acontece "em condições de respeito e tolerância mútuos". Mas acrescenta que o encontro se dá sobre uma base externa. É por isso que "a aculturação pode levar meramente a uma justaposição de expressões culturais não assimiladas, procedentes de várias direções ou origens". No entanto, o encontro entre duas culturas é um processo que inicia com o contato externo. Às vezes, isso pode resultar em um estado permanente de justaposição de elementos não relacionados, mas normalmente deveria florescer em uma assimilação mútua. Shorter expressa claramente um dos princípios básicos da antropologia cultu-

---

[25] Cf. C. VALENZIANO, La religiosità popolare in prospettiva antropologica, *Ricerche sulla Religiosità Popolare*, Bologna, 1979, pp. 83-110.

ral quando afirma que "a aculturação é uma condição necessária da inculturação".[26]

A aculturação, que é uma justaposição de duas culturas, opera de acordo com a dinâmica da interação. As duas culturas interagem "em condições de respeito e tolerância mútuos". Contudo, elas não vão além do fórum externo ou entram no processo de assimilação mútua. Não afetam a estrutura e o organismo interno uma da outra. A aculturação pode ser descrita como a conjunção de três fatores principais: a justaposição, que é meramente externa; a dinâmica da interação; e a ausência de assimilação mútua. Podemos comparar a aculturação a um encontro casual sem envolvimento de duas pessoas estranhas ou a um encontro casual de duas pessoas que apenas se cumprimentam. Podemos ilustrá-la com a fórmula $A + B = AB$. Os dois elementos dessa fórmula são meramente colocados lado a lado, de modo que nenhum deles passa por qualquer mudança substancial ou qualitativa. Assim, eles podem se afastar um do outro a qualquer momento sem nenhuma conseqüência perceptível.

Na liturgia, um bom exemplo de aculturação aconteceu durante o período barroco. Os textos e ritos oficiais da liturgia, especialmente a Missa tridentina, não absorveram o drama, a festividade e a exuberância da cultura barroca. Por causa das rígidas leis sobre rubricas que impediam o acesso a qualquer coisa nova, a cultura barroca permaneceu na periferia da liturgia. A liturgia tridentina, que era descendente direta da cultura medieval, também possuía elementos específicos de drama e sensoriedade rituais. Porém, naquela época, os elementos tridentinos pertenciam a uma outra época e a um outro povo, e não se conformaram mais às expressões contemporâneas da cultura.[27]

A justaposição continua a caracterizar algumas tentativas de criar espaço para devoções populares. A prática de combinar novenas ou o Ân-

---

[26] SHORTER, *Toward a Theology of Inculturation*, pp. 6-8, 12; cf. CHUPUNGCO, *Liturgias do futuro*, pp. 34-36.

[27] Cf. J. JUNGMANN, *The Mass of the Roman Rite*, Westminster, Md., 1986, pp. 141-159, a respeito da "Missa no período barroco"; id., *Pastoral Liturgy*, London, 1962, pp. 80-89, a respeito da "Vida litúrgica no período barroco".

gelus com a Missa é um exemplo típico de aculturação que pára na mera justaposição. A Missa e devoções populares muitas vezes nada têm em comum exceto o fato de serem orações. Um exemplo que carrega a marca oficial da Congregação para o Culto Divino é a integração de uma forma de devoção popular conhecida como *encuentro* com a Missa no alvorecer da Páscoa. O *encuentro* consiste em duas procissões, uma com a imagem do Cristo ressurreto e a outra com uma imagem encoberta de Nossa Senhora. Elas vêm de duas direções e se encontram — daí o nome *encuentro* — na praça da cidade, onde a imagem da Virgem é descoberta. Depois disso, a procissão vai até a igreja. Em 1971, a Congregação para o Culto Divino permitiu à Igreja filipina substituir o rito de entrada da Missa do alvorecer da Páscoa pelo *encuentro*. Aqui temos um outro exemplo de justaposição. Os textos da Missa e essa devoção popular nada têm em comum exceto o fato de ambas acontecerem no alvorecer do domingo da Páscoa.

O que é inculturação litúrgica?

Shorter define "inculturação" como "a relação criativa e dinâmica entre a mensagem cristã e uma cultura ou culturas". Ele enumera três de suas características marcantes. Primeiro, a inculturação é um processo contínuo e é relevante para qualquer país ou região onde a fé tenha sido semeada. Segundo, a fé cristã não pode existir senão em uma forma cultural. E terceiro, entre a fé cristã e a cultura deveria haver interação e assimilação recíproca.[28]

A propósito, lembramos que o sínodo extraordinário dos bispos de 1985 abordou a questão da inculturação. Na declaração de conclusão (n. D.4), os bispos contrapõem nitidamente a inculturação à mera adaptação ou aculturação:

> Como a Igreja é uma comunhão, que está presente no mundo inteiro e junta diversidade e unidade, ela assume tudo que encontra de positivo em todas as culturas. Mas a inculturação é diferente de uma mera adaptação externa, na

---

[28] Cf. SHORTER, *Toward a Theology of Inculturation*, p. 11.

medida em que significa uma transformação interior de valores culturais autênticos mediante sua integração no cristianismo e o arraigamento do cristianismo em várias culturas humanas.

A definição do sínodo contém os elementos essenciais da inculturação, ou seja, o processo de assimilação recíproca entre o cristianismo e a cultura, e a conseqüente transformação interior da cultura, por um lado, e o arraigamento do cristianismo na cultura, por outro.

Aos elementos de interação e assimilação mútua mencionados anteriormente deveríamos acrescentar a dinâmica da transculturação. Por causa dessa dinâmica, as partes que interagem conseguem reter sua identidade ou características essenciais ao longo do processo de enriquecimento mútuo. A inculturação não põe em perigo a natureza e os valores do cristianismo como religião revelada, nem ameaça a cultura humana como expressão da vida e das aspirações da sociedade. O culto cristão não deveria terminar sendo um mero ingrediente da cultura local, nem a cultura deveria ser reduzida a um papel ancilar. O processo de interação e assimilação mútua traz progresso para ambos; ele não causa a extinção mútua. O que o papa João Paulo II afirma sobre a catequese e a cultura tem relevância para o aspecto sob discussão: "Deixaria de haver catequese se o Evangelho tivesse que se alterar no contato com as culturas".[29] Mas é importante ler também o que se afirma no outro lado da moeda: não haveria verdadeira catequese se o Evangelho destruísse o que é essencial a uma cultura.

A diferença entre aculturação e inculturação pode ser ilustrada com a fórmula $A + B = C$. Diferentemente da fórmula $A + B = AB$, essa fórmula implica que o contato entre A e B proporciona enriquecimento mútuo às partes que interagem, de modo que A não é mais simplesmente A, mas C, e também B não é mais simplesmente B, mas C. No entanto, por causa da dinâmica da transculturação, A não se torna B, nem B se

---

[29] CT, VII, 53.

torna A. Ambos passam por transformação interna, mas não perdem sua identidade nesse processo.

A inculturação litúrgica, vista do lado da liturgia (o lado da cultura merece um estudo à parte), pode ser definida como o processo de inserir os textos e ritos da liturgia no marco da cultura local. Como resultado disso, os textos e ritos assimilam o padrão de pensamento, linguagem, valor, ritual, simbólico e artístico do povo.[30] A inculturação litúrgica é basicamente a assimilação de padrões culturais locais pela liturgia. Isso significa que a liturgia e a cultura compartilham o mesmo padrão de pensamento, de fala e de expressão através de ritos, símbolos e formas artísticas. Em resumo, a liturgia é inserida na cultura, história e tradição das pessoas entre as quais a Igreja habita. Ela começa a pensar, falar e ritualizar de acordo com o padrão cultural local. Se aceitarmos qualquer coisa menos do que isso, a liturgia da Igreja local permanecerá na periferia da experiência cultural de nosso povo. Não podemos enfatizar suficientemente o lugar singular do padrão cultural no processo de inculturação. É onde a interação e assimilação mútua entre liturgia e cultura normalmente acontecem.

Nenhum modelo histórico tipifica a inculturação melhor do que a liturgia romana clássica. Essa forma de liturgia, que ganhou supremacia no mundo ocidental, floresceu em Roma entre os séculos V e VIII. Ela tem como autores Gelásio, Vigílio, Leão Magno e Gregório Magno, papas que pertenciam à elite da sociedade romana, o grupo dos *homines classici* célebres por sua nobre simplicidade e sobriedade, domínio da retórica e senso prático. É com tal grupo de pessoas em mente que esses papas desenvolveram aquela forma da liturgia romana para a qual a história reservou a designação de "clássica". Seus textos, mesmo quando traduzidos para línguas modernas,

---

[30] Cf. CHUPUNGCO, *Liturgias do futuro*, pp. 37-51; R. GONZÁLEZ, Adaptación, inculturación, creatividad: planteamiento, problemática y perspectivas de profundización, *Phase*, n. 158, pp. 129-152, 1987; VV. AA. L'inculturation, *La Maison-Dieu*, n. 189, 1989; veja também os textos das palestras apresentadas na reunião de 1989 da Societas Liturgica, especialmente P.-M. GY, The Inculturation of the Christian Liturgy in the West, pp. 8-18; AMALORPAVADASS, Theological Reflections on Inculturation, pp. 36-54; STAUFFER, Inculturation and Church Architecture, pp. 70-80; T. BERGER, The Women's Movement as a Liturgical Movement: A Form of Inculturation?, pp. 55-64; A. KAVANAGH, Liturgical Inculturation: Looking to the Future, pp. 70-80.

ainda revelam os padrões de pensamento e linguagem das pessoas para quem foram compostos.[31] De passagem, talvez seja útil mencionar que, durante o período clássico da liturgia romana, a inculturação foi, em grande parte, de um tipo criativo. Vemos isso especialmente nos sacramentários representativos do período, como o Gelasiano Antigo, o Veronês e o Gregoriano. Eles contêm fórmulas de oração que são composições originais.

No século VIII, um outro tipo de inculturação litúrgica se desenvolveu na Igreja do Império Franco-Germânico. Diferentemente da liturgia romana, que cresceu mediante o empenho criativo de papas, a liturgia franco-germânica se desenvolveu primordialmente através do contato com a forma clássica da liturgia romana. Os liturgistas do império tinham de retrabalhar os textos e ritos dos livros romanos a fim de criar espaço para o temperamento do povo local, que na época estava em oposição diametral à sobriedade romana. O resultado disso foi uma liturgia híbrida que mantinha o conteúdo essencial do modelo romano, ao mesmo tempo que lhe dava uma nova e vigorosa forma cultural. O *Pontifical romano-germânico* do século X, para não mencionar os chamados tipos excêntricos e exuberantes de sacramentários que datam desse período, certamente infundiu encanto, drama e cor na liturgia romana habitualmente formal, austera e reservada.[32]

O processo de inculturação

A inculturação litúrgica diz respeito, em última análise, ao culto divino, a uma atividade que pertence ao âmbito da revelação de Deus e, portanto, a uma atividade que desafia qualquer tentativa de análise

---

[31] Cf. E. Bishop, *Liturgica historica*, Oxford, 1962, pp. 2-9, onde o autor descreve a "índole do Rito Romano". G. Dix, *The Shape of the Liturgy*, New York, 1982, pp. 103-140, a respeito da forma clássica da Liturgia Eucarística; Th. Klauser, *A Short History of the Western Liturgy*, Oxford, 1969, pp. 59-68, a respeito das características clássicas da eucologia romana.

[32] Cf. C. Vogel, Les motifs de la romanisation du culte sous Pépin et Charlemagne, in: *Culto cristiano: politica imperiale carolingia*, Todi, 1979, pp. 17-20; E. Cattaneo, L'età franco-carolingia, in: *Il culto cristiano in Occidente*, Roma, 1984, pp. 184-219; Klauser, *A Short History of the Western Liturgy*, pp. 45-93.

sistemática. Mas a inculturação litúrgica em si é um ramo do estudo da liturgia. Como tal, ela tem de ser submetida a um sistema de pensamento; tem de ser examinada de perto à luz de seu processo e metodologia.

O processo é o curso que uma atividade toma, seguindo passos ou procedimentos bem definidos. Estamos lidando aqui com aquilo que ocorre entre o *terminus a quo*, ou ponto de partida, e o *terminus ad quem*, ou ponto de chegada. O último é o resultado do processo, o produto da inculturação, enquanto o primeiro se refere às entidades culturais que entram no processo de interação. Como estamos lidando com a interação, deveríamos falar, na realidade, de pontos de partida. O processo em si pode ser descrito como acender uma vela em ambas as pontas. A idéia é fazer com que ambas as pontas se encontrem em um sentido literal, não metafórico. Na área da liturgia, o processo começa a partir de dois pontos opostos. Esses pontos são as edições típicas dos livros litúrgicos do Vaticano II e o padrão cultural do povo. O processo de inculturação litúrgica procura fazer com que eles se encontrem e interajam, de modo que, a partir de sua união, passe a existir um novo *terminus ad quem*, uma liturgia para a Igreja local. Como se pode chegar de forma bem-sucedida a essa união é uma questão que diz respeito à metodologia.

As edições típicas dos livros litúrgicos

Por que as edições típicas? A inculturação litúrgica é um tipo de adaptação. Portanto, ela trabalha sobre textos e ritos litúrgicos já existentes. De modo geral, a inculturação difere da criatividade, que pode dispensar material litúrgico romano já existente. É verdade que a liturgia romana clássica se desenvolveu em grande parte através do empenho criativo. E não deveríamos excluir a possibilidade de que algo similar pudesse ocorrer inclusive hoje, especialmente naquelas Igrejas locais onde a vida litúrgica é vibrante. Contudo, depois do Vaticano II, a inculturação, para Igrejas locais que pertencem à tradição ou família litúrgica romana, deveria iniciar normalmente com base em modelos já existentes, e, na prática, os modelos são as edições típicas dos livros litúrgicos publicados pelo Vaticano após o concílio.

A opinião da constituição sobre a liturgia quanto à questão é clara: o trabalho da inculturação deveria se basear nas edições típicas dos livros litúrgicos do Vaticano II. Os seguintes textos conciliares corroboram isso:[33]

> a. SC 38: "[…] dê-se lugar às legítimas variações e adaptações aos vários grupos étnicos, regiões e povos, sobretudo nas missões, também quando forem reformados os livros litúrgicos […]".
>
> b. SC 39: "Cabe à competente autoridade eclesiástica territorial […] determinar as várias adaptações a fazer, especialmente no que se refere à administração dos sacramentos, aos sacramentais, às procissões, à língua litúrgica, à música sacra e às artes, dentro dos limites fixados nas edições típicas dos livros litúrgicos […]".
>
> c. SC 63b: "A competente autoridade eclesiástica territorial […] prepare o mais depressa possível, com base na nova edição do Ritual Romano, os rituais particulares […]".

Dada a natureza complexa de edições típicas, é evidente que o processo de inculturação litúrgica não usa um atalho. Os principais elementos das edições típicas necessitam um exame minucioso. Qual é o *background* histórico do rito em questão? Que teologia seus textos, ritos e símbolos projetam? Que preocupações pastorais e espirituais o rito incorpora? Que possibilidades para a inculturação ele tem em vista? Nas palavras de SC 23: "Para conservar a sã tradição e abrir ao mesmo tempo o caminho a um progresso legítimo, faça-se uma acurada investigação teológica, histórica e pastoral acerca de cada uma das partes da liturgia que devem ser revistas".

Isso certamente constitui uma tarefa difícil. Mas deixar de realizá-la poderia levar a infortúnios litúrgicos e teológicos. O exemplo a seguir reforçará esse aspecto. Quando a confirmação de crianças se tornou a

---

[33] Cf. CHUPUNGCO, *Cultural Adaptation of the Liturgy*, pp. 42-57.

• • • 31 • • •

prática normal depois do século VI, o ósculo da paz, que o bispo dava anteriormente ao adulto confirmado, passou a ser, por alguma razão, uma leve palmadinha paternal no rosto da criança. No século XIII, na França e na região da Germânia, o gesto se transformou numa palmada semelhante à que um homem recebia quando era investido como cavaleiro. No pensamento teológico, a confirmação começou a ser considerada como o sacramento que conferia às crianças a graça para combater como soldados de Cristo. A passagem do ósculo para a palmada é um dos percalços da inculturação, e a mudança de ênfase do derramamento pentecostal do Espírito Santo para um sacramento militar é um dos infortúnios persistentes da teologia sacramental.[34]

SC 23 fala de "investigação acurada". Isso implica a exegese do texto latino original e a pesquisa sobre o significado dos gestos e símbolos empregados pelo rito. A arte da interpretação inclui a ciência da semiótica, que examina o significado, a função e a relação entre si das várias pessoas e objetos mencionados em textos litúrgicos e instruções de rubricas. Consideremos a seguinte rubrica: "Quando as pessoas estão reunidas, o sacerdote e os ministros se dirigem para o altar, enquanto se entoa o canto de entrada". Para que essa rubrica, que diz mais do que aparenta, seja submetida ao processo de inculturação, é necessário examinar as três coisas para as quais ela dirige a atenção do leitor. São elas a reunião das pessoas, a ação do sacerdote e dos ministros e o canto de entrada. Elas só podem entrar no processo de inculturação depois que tiverem sido colocadas sob o escrutínio semiótico a respeito de seu porquê, quando, como e onde.[35]

---

[34] Cf. A. NOCENT, La tradizione e la confermazione nella Chiesa latina dal X secolo fino a prima del Vaticano II, *Anamnesis*, Genova, 1986, v. 3, n. 1, p. 111 [Ed. bras.: VV.AA., *Os sacramentos, teologia e história da celebração*, São Paulo, 1990, Anamnesis v. 4]. O *Pontifical de Durand* do século XIII tem a rubrica "Et deinde [episcopus] dat sibi [ei] leviter alapam super genam, dicens: Pax tecum" [E depois (o bispo lhe) dá, de leve, uma palmada sobre a face, dizendo: A paz esteja contigo]. *Le Pontifical Romain au Moyen-âge*, 3. ed., ed. por M. Andrieu, Vaticano, 1973, livro 1, 4, p. 334.

[35] Cf. A. TERRIN, *Leitourgia*, Brescia, 1988. Esse volume contém uma útil exposição do que significa a semiótica litúrgica e de como ela pode ser aplicada à seqüência da Missa romana.

A exegese tem inegavelmente um papel importante na tradução e inculturação de textos eucológicos latinos. A coleta, ou oração do dia, de Natal *Deus, qui humanae substantiae dignitatem* [Ó Deus, que admiravelmente criastes o ser humano], que pode ser considerada uma das melhores fórmulas que adornam o *Missal Romano*, foi composta pelo papa Leão Magno contra os maniqueus, que concebiam a natureza humana como uma depravação. Contra essa concepção, o texto de Leão enaltece a natureza humana e afirma que ela possui uma dignidade criada e redimida por Deus mesmo. O mistério da encarnação é uma prova disso. Cristo não hesitou em compartilhar nossa natureza humana.[36] Por alguma razão, esse aspecto exegético é ignorado pela tradução da ICEL (International Commission on English in the Liturgy) de 1973, que designa a natureza humana como "fraqueza". Da perspectiva da teologia quenótica, o texto da ICEL certamente nada mais é do que um eco fiel da doutrina paulina: Cristo "se despojou, tomando a forma de escravo" (Fl 2,7). Porém, de um ponto de vista exegético, ele cai involuntária e ironicamente na armadilha maniqueísta.

Uma investigação cuidadosa requer a exegese não só dos textos litúrgicos, mas também dos documentos conciliares e pós-conciliares sobre a liturgia. Seu objetivo é ler o pensamento do legislador, expressar explicitamente as disposições que são afirmadas pelo documento apenas de forma implícita. Um exemplo clássico é a sentença sucinta que SC 72 dedica ao sacramento da penitência: "Revejam-se o rito e as fórmulas da penitência, de modo que exprimam com mais clareza a natureza e o efeito deste sacramento". Mediante a arte da hermenêutica, conseguimos descobrir o pensamento do concílio sobre o assunto, que de forma alguma é evidente no texto. Com "natureza" do sacramento, o concílio realmente quis dizer o caráter social e eclesial da penitência, e, com

---

[36] Veja a exegese dessa coleta feita por A. Echiegu, *Translating the Collects of the "Sollemnitates Domini" of the "Missale Romanum" of Paul VI in the Language of the African*, Münster, 1973, pp. 123-227. Com base nessa pesquisa, o autor propõe uma tradução dinâmica dessa coleta para a língua igbo. Veja pp. 306-317 dessa obra.

"efeito", a prática antiga de impor as mãos, que ele pretendia restaurar para significar a reconciliação.[37]

O padrão cultural

Juntamente com as edições típicas, o padrão cultural de um povo tem um papel importante a desempenhar no processo de inculturação litúrgica. O padrão cultural é o modo típico de pensar, falar e se expressar através de ritos, símbolos e formas artísticas. Ele afeta os valores e a ideologia da sociedade, as tradições sociais e familiares, a vida socioeconômica e o sistema político. O padrão cultural perpassa tudo que constitui a vida de uma sociedade. É o sistema prescrito de um povo de refletir, verbalizar e ritualizar valores, tradições e experiências de vida.

O padrão cultural é uma qualidade inata de todo grupo sociocultural e é normalmente compartilhado pelos membros nascidos no grupo. Uma pessoa pertence a uma sociedade específica porque compartilha por nascimento o mesmo padrão cultural. Uma sociedade pode ser distinguida de outra com base em diferenças no padrão cultural. No entanto, sociedades diferentes podem compartilhar traços transculturais comuns. É por isso que podemos falar de uma forma genérica de padrões culturais europeus, africanos, latino-americanos, asiáticos e do Pacífico Sul, embora cada membro desses principais agrupamentos socioculturais possua um padrão cultural específico.

O padrão cultural pode exercer um papel decisivo na mudança litúrgica. Quando uma Igreja local está vividamente consciente de seu padrão cultural, ela reagirá negativamente a uma liturgia que empregue um padrão cultural estrangeiro. Assim, quando a liturgia romana clássica migrou para o mundo franco-germânico, os liturgistas locais fizeram exatamente o que se esperava que fizessem. Eles revisaram a liturgia romana para adequá-la à sua cultura vivaz e vibrante. Quando a liturgia franco-

---

[37] Cf. Chupungco, *Liturgias do futuro*, pp. 161-163; F. G. Brambilla, Ermeneutica teologica dell'adattamento liturgico, in: *Liturgia e adattamento: dimensioni culturali e teologico-pastorali*, pp. 39-83.

germânica romanizada foi introduzida na Cidade Eterna, os liturgistas romanos tentaram previsivelmente restaurar a liturgia para sua *sobrietas romana* original.[38] O que se quer ressaltar é que uma liturgia cujo padrão cultural difira radicalmente daquele da Igreja local tem de se adaptar ou ser relegada à irrelevância.

Em certo sentido, é mais fácil definir os padrões culturais do que a própria cultura. E, em última análise, o que importa não é se podemos definir a natureza e os componentes de uma cultura específica, mas se somos capazes de identificar os principais elementos que compõem o padrão cultural. Especialistas talvez possam oferecer uma definição exata da cultura romana durante o período clássico, mas o que temos de saber quando lidamos com a inculturação litúrgica é a definição não da cultura romana como tal, mas do padrão cultural do povo romano. A pesquisa litúrgica deu uma contribuição positiva quando identificou os elementos de sobriedade, franqueza, brevidade, simplicidade e senso prático como os elementos constitutivos do padrão cultural romano.[39]

Uma questão que aflige os liturgistas em países multiculturais, quando se levanta o tema da inculturação, é como definir a cultura de seu povo. Há, em primeiro lugar, uma só cultura para todos os Estados Unidos da América? Se existisse, ela seria tão multifacetada e sujeita a mudança constante que se subtrairia, de qualquer forma, a uma definição. Mas a inculturação não necessita desse tipo de empenho. Definir a cultura de um povo muitas vezes nada mais é do que um exercício fútil. O que servirá claramente à inculturação é um estudo que determine a maneira típica como um grupo específico de pessoas, nas circunstâncias concretas da vida, pensa, fala e se expressa coletivamente através de ritos, símbolos e formas artísticas. Uma liturgia inculturada é uma liturgia cuja forma, linguagem, ritos, símbolos e expressões artísticas reflitam o padrão cultural da Igreja local.

---

[38] O *Pontifical romano* do século XII era uma forma simplificada do *Pontifical romano-germânico* do século X, que, por sua vez, é uma coletânea afrancesada de material romano mais antigo. Cf. C. Vogel, *Medieval Liturgy: An Introduction to the Sources*, Washington, 1986, pp. 230-252.

[39] Cf. Bishop, *Liturgica historica*, pp. 2-9; Klauser, *A Short History of the Western Liturgy*, pp. 59-68.

Os métodos de inculturação

O objetivo da inculturação litúrgica é implantar textos e ritos litúrgicos no padrão cultural da Igreja local. A questão é quais métodos estão disponíveis para nós. Se examinarmos modelos históricos e contemporâneos de inculturação, chegaremos à conclusão de que, ao longo do tempo, vários métodos foram empregados exitosamente. Três deles são a equivalência dinâmica, a assimilação criativa e a progressão orgânica.

A eficácia desses métodos depende de vários fatores. A reflexão teológica predominante em qualquer período específico sobre questões doutrinais e pastorais pode afetar a escolha e aplicação do método. Isso se aplica especialmente ao método da progressão orgânica. Outro fator determinante é a presença, em uma Igreja local, de uma cultura que vibre com vida e vigor. Seu próprio dinamismo normalmente fluirá para dentro da liturgia da Igreja. Em situações como essa, os métodos de assimilação criativa e equivalência dinâmica se mostraram bastante úteis. Por fim, as necessidades pastorais da comunidade celebrante prescreverão o mais apropriado método a ser empregado.

O método da equivalência dinâmica

A equivalência dinâmica consiste em substituir um elemento da liturgia romana por algo da cultura local que tenha um significado ou valor igual. Ao aplicar este método, os elementos lingüísticos, rituais e simbólicos da liturgia romana são reexpressos seguindo um padrão específico de pensamento, fala e ritual. O resultado disso é uma liturgia cuja linguagem, ritos e símbolos se relacionam admiravelmente com a comunidade de culto na medida em que evocam experiências de vida, valores humanos e tradições, pintam imagens vívidas da criação de Deus e trazem à lembrança a história do povo.[40] Algo a ser lembrado sobre o método da equivalência dinâmica é sua dependência da edição típica dos

---

[40] Cf. CHUPUNGCO, *Liturgias do futuro*, pp. 46-51.

livros litúrgicos. Ele pode produzir uma liturgia criativa, mas não a partir da pura imaginação. Ele necessita dos livros oficiais como base.

O oposto da equivalência dinâmica é a estacionária ou estática. Ela consiste em dar o equivalente de uma palavra ou expressão sem a devida referência ao padrão cultural, à história e às experiências de vida do povo. Em provavelmente cada língua viva, a liturgia está repleta de equivalentes estáticos. Há exemplos em abundância: "mistério" para *mysterion*, "sacramento" para *sacramentum*, "dignidade" para *dignitas*, "em memória de" para *anamnesis*, "descer sobre" para *epiclesis*. Essa maneira de dar equivalentes é, naturalmente, uma medida recomendável para salvaguardar a doutrina da fé. Elimina desde o início o risco de um tradutor se tornar um traidor. Mas ajuda a assembléia a compreender aquilo que a liturgia está tentando comunicar?

Alguns exemplos podem elucidar o significado da equivalência dinâmica. Tem se dito que os dois termos básicos na liturgia, ou seja, "anamnese" e "epiclese", também são as duas questões mais complexas a afligir a inculturação litúrgica. A reflexão teológica recente procurou definir esses termos com exatidão e precisão. Nesse processo, tornou-os tão técnicos que agora desafiam a tradução.

A "anamnese" é comumente definida como o memorial ritual do mistério pascal de Cristo. Em virtude desse memorial ritual, o mistério pascal se torna presente na assembléia celebrante.[41] Para expressar o conceito de anamnese, o latim emprega as augustas e solenes palavras *memores* nas três primeiras Orações Eucarísticas e *memoriale celebrantes* na quarta. A tradução de 1973 do *Missal Romano* da ICEL usa respectivamente as expressões *celebrate the memory* [celebrar a memória], *in memory of* [em memória de], *call to mind* [lembrar] e *celebrate the memorial* [celebrar o memorial]. Essas são provavelmente as palavras latinas e inglesas mais próximas do profundo conceito de anamnese. Uma coisa é certa: como tantos outros termos litúrgicos, eles necessitam ser explicados em referên-

---

[41] Cf. S. MARSILI, Rumo a uma teologia da liturgia. In: VV.AA. A *liturgia no momento histórico da salvação*. São Paulo, 1986, pp. 55-102, Anamnesis 1.

cia ao termo técnico "anamnese" para salientar sua percepção teológica oculta. Mas é suficiente explicá-los? Não deveríamos procurar outras expressões que possam comunicar o significado da anamnese enquanto aludem à experiência cultural da assembléia celebrante?

A proposta da *Misa ng Bayang Pilipino* [Missa do povo filipino], submetida a Roma pela conferência episcopal em 1976, fez um esforço significativo para encontrar um equivalente dinâmico para a anamnese.[42] Na Oração Eucarística, o relato da Última Ceia é prefaciado com a expressão *tandang-tanda pa namin* em tagalo, literalmente "quão claramente lembramos". A expressão indica a memória coletiva e é usada para iniciar a narração de um evento histórico. É a maneira de os narradores afirmarem que estavam presentes quando o evento aconteceu, que o testemunharam pessoalmente. É por isso que eles podem recontá-lo de forma vívida e em todos os seus detalhes. Não é isso talvez o que a Igreja deseja dizer no relato da Última Ceia? A Igreja estava lá, lembra claramente o que aconteceu naquela noite quando Jesus estava sentado à mesa com seus discípulos e agora transmite fielmente, de geração em geração, a experiência.

O outro conceito é a "epiclese", que pode ser definida como a oração da Igreja invocando a presença do Espírito Santo. Ela pede ao Pai que envie o Espírito Santo sobre os elementos sacramentais e sobre as pessoas que recebem os sacramentos, para que o Espírito Santo as consagre a Deus e as torne santas.[43] Na Oração Eucarística II, a ICEL expressa a epiclese com a expressão *let your Spirit come upon these gifts* [deixa teu Espírito descer sobre estas oferendas]. A tradução da ICEL dá um passo à frente do latim, que, em sua aversão típica à linguagem pitoresca, não apresenta o Espírito Santo como descendo ou sendo enviado. Fazendo justiça ao texto latino, contudo, deveríamos observar que a Oração Eucarística II, diferentemente das outras, emprega a imagem do *ros* (orvalho) que associa o Espírito Santo com a qualidade fecundante da água. A referência

---

[42] O texto em tagalo e em inglês encontra-se em CHUPUNGCO, *Towards a Filipino Liturgy*, pp. 96-118.

[43] Cf. A. VERHEUL, *Introduction to the Liturgy*, Hertfordshire, 1972, pp. 51-72.

parece ser Isaías 44,3. De maneira semelhante, a fórmula para a bênção da água batismal emprega o verbo *descendat*.

A *Misa ng Bayang Pilipino* tem uma expressão viva para designar a epiclese: *lukuban ng Espiritu Santo*, literalmente, "que o Espírito Santo tome sob suas asas". O verbo *lukuban* em tagalo significa "proteger, reunir sob as asas ou chocar". Empregado para a epiclese, ele lembra a ação do pássaro de chocar seus ovos, denotando com isso a ação transformadora e vivificadora do Espírito Santo sobre os elementos eucarísticos e a assembléia. A versão da epiclese em tagalo nos faz pensar num conhecido verso do poeta inglês G. M. Hopkin, que alude às asas do Espírito Santo cobrindo o mundo: *Because the Holy Ghost over the bent / World broods with warm breast and with ah! bright wings* [Porque o Espírito Santo, curvado sobre o mundo, vela com peito cálido e com asas fulgurantes].

Juntamente com a linguagem imaginativa, as expressões idiomáticas são uma mina rica de equivalência dinâmica. O emprego de expressões idiomáticas, que é um tipo de linguagem viva peculiar a um povo, é uma prova convincente de que a liturgia assimilou o padrão de pensamento e linguagem da comunidade celebrante. O exemplo a seguir ilustra como expressões idiomáticas podem ser empregadas na liturgia como equivalentes dinâmicos.

A palavra latina *dignitas* geralmente é traduzida para o inglês como *dignity*. Embora *dignity* seja um equivalente estático, é uma tradução exata da palavra latina. Afinal, as pessoas de fala inglesa dão à palavra *dignity* o mesmo significado que os romanos davam à *dignitas*. Contudo, a inculturação tem uma clara predileção pelo método da equivalência dinâmica. Nesse sentido, A. Echiegu propõe uma tradução em ibo da coleta de Natal *Deus, qui humanae substantiae dignitatem*, usando o método da equivalência dinâmica. Embora o ibo, a língua da Nigéria, tenha uma palavra equivalente para *dignity*, a tradução proposta preferiu usar a original expressão idiomática "usar uma pena de águia". A pena de uma águia presa ao cabelo indica a dignidade que uma pessoa tem e a posição que ela ocupa na sociedade. Em vez de meramente afirmar que

Deus criou a dignidade da espécie humana, a proposta de oração em ibo louva a Deus que presenteia cada homem e mulher que ele cria com a pena de uma águia.[44]

Quanto aos elementos rituais, a experiência mostra que a inculturação que usa o método da equivalência dinâmica é menos incômoda e pode produzir resultados significativos. Isso vale especialmente para gestos que possuam forte valor simbólico. Na liturgia, tudo pode naturalmente se tornar um símbolo. Cada vez que levantamos, sentamos, nos ajoelhamos, caminhamos, erguemos as mãos, curvamos a cabeça ou nos voltamos para o leitor, realizamos um símbolo litúrgico. Mas há gestos que transmitem eloqüentemente a mensagem à assembléia por causa do simbolismo de que são portadores. O método da equivalência dinâmica pode ser muito útil para conferir a gestos litúrgicos comuns um significado cultural mais vívido.

No Ordinário da Missa zairense, o sinal da paz acontece depois do rito penitencial, que conclui a Liturgia da Palavra. Nas paróquias zairenses, o gesto consiste em um simples aperto de mão. Mas a introdução ao Ordinário da Missa zairense menciona uma forma alternativa, que consiste em lavar as mãos na mesma bacia de água como um símbolo de purificação, unidade e reconciliação. É uma declaração viva e expressiva de perdão, uma forma concreta de dizer: "Lavo em mim qualquer coisa que eu tenha contra você".[45] A introdução de formas alternativas com pronunciado valor cultural como essa resolve a dificuldade que surge de um aperto de mão ou de um mero aceno de cabeça. Em alguns ambientes culturais, o aperto de mão é primordialmente um sinal de congratulação, enquanto um aceno de cabeça — inclusive acompanhado de um sorriso — pode ser bastante formal e forçado, especialmente em sociedades que exigem que as pessoas sejam apresentadas adequadamente umas às outras.

---

[44] Cf. ECHIEGU, *Translating the Collects of the "Sollemnitates Domini"*, p. 313.

[45] O texto encontra-se em CONFÉRENCE ÉPISCOPALE DU ZAÏRE, *Rite zaïrois de la célébration eucharistique*, Kinshasa, 1985, pp. 44-45.

Outro exemplo de equivalência dinâmica ritual se encontra no rito de comunhão da *Misa ng Bayang Pilipino*. A rubrica orienta o sacerdote a comungar depois da assembléia e dos outros ministros. Isso visa expressar o conceito e o valor filipino de liderança e solicitude. Comer por último não é somente um sinal de delicadeza e respeito. Representa, sobretudo, serviço. Assim, o anfitrião come depois dos convidados porque se espera que ele sirva e se movimente de um lado para o outro. Os pais fazem sua refeição depois dos filhos por uma questão de solicitude. Em casa, uma pessoa perde ou ao menos debilita seu papel como líder comendo antes dos outros. Em resumo, comungar por último é, no contexto cultural filipino, uma confirmação do papel do sacerdote como o presidente da assembléia.

A liturgia tem elementos substituíveis, mas nem tudo pode ser substituído. Para saber o que pode ser mudado e o que precisa permanecer, é importante fazer uma distinção, na medida em que isso for possível, entre o conteúdo teológico e a forma litúrgica de um rito. Embora essa questão já tenha sido tratada na obra anterior *Liturgias do futuro*, seria útil abordar de novo brevemente seus pontos principais.[46]

O conteúdo teológico é o significado do texto ou rito litúrgico. Basicamente é o mistério pascal presente em vários graus e sob diferentes aspectos na celebração. Na Eucaristia, o foco está sobre o sacrifício de Cristo na cruz; no Batismo, sobre seu sepultamento e sua ressurreição; na Confirmação, sobre seu ato de enviar o Espírito Santo no dia de Pentecostes. Cada rito litúrgico contém, significa e celebra o mistério pascal. No entanto, esse mesmo mistério é expresso em diferentes formas exteriores de acordo com o significado e propósito de cada rito litúrgico.

A forma litúrgica, que consiste em atos e fórmulas rituais, dá expressão visível ao conteúdo teológico. Exemplos são a recitação da Oração Eucarística sobre o pão e o vinho, a ablução com água enquanto se profere a fórmula trinitária, a unção com crisma e a imposição das

---

46 Cf. CHUPUNGCO, *Liturgias do futuro*; a respeito da seqüência da Missa, pp. 78-105; a respeito da iniciação cristã, pp. 132-148; a respeito do ano litúrgico, pp. 167-224.

mãos. Através da forma litúrgica, o conteúdo teológico dos sacramentos recebe forma exterior, visível.

Levando em conta essa distinção, necessitamos observar um princípio bastante rígido. Se o conteúdo teológico, ou a forma litúrgica, é de instituição divina, não poderá ser substituído por outro conteúdo, ou forma, que vá modificar o significado originalmente intencionado por Cristo. Assim, a ablução com água e a fórmula trinitária são a forma litúrgica insubstituível do Batismo, e comida e bebida em memória do sacrifício de Cristo são os elementos insubstituíveis da Eucaristia. No entanto, a maneira de fazer a ablução e de expressar a fórmula trinitária, contanto que se mantenha o conteúdo teológico do Batismo, está no âmbito da equivalência dinâmica. A história do Batismo testemunha a pluralidade de maneiras de realizar a ablução e de expressar a fórmula trinitária.

A distinção entre conteúdo teológico e forma litúrgica também apresenta implicações práticas para a liturgia da Missa. Como o assunto foi amplamente tratado em *Liturgias do futuro*, um breve resumo dos pontos principais será suficiente.[47] O conteúdo teológico da Missa é o sacrifício de Cristo na cruz, enquanto sua forma litúrgica é a refeição ritual constante na Liturgia da Palavra e na Liturgia Eucarística. A Liturgia da Palavra tem um plano dialógico: Deus fala (proclamação da Palavra de Deus), o sacerdote explica a palavra (homilia) e as pessoas respondem em oração (preces). Em contraposição a isso, a Liturgia Eucarística imita a forma da Última Ceia: a apresentação das oferendas, a Oração Eucarística e a Comunhão evocam o que Cristo fez na Última Ceia quando tomou o pão e o cálice, proferiu a oração da bênção e deu o pão partido e o cálice aos seus discípulos. O diálogo e a refeição ritual são as duas realidades antropológicas que constituem a forma litúrgica da Missa e abrem a porta para o método da equivalência dinâmica. Cada cultura tem sua maneira de manter diálogos e celebrar uma refeição ritual.

---

[47] Cf. ibid., pp. 78-90.

QUESTÕES PRELIMINARES SOBRE A INCULTURAÇÃO

Como a Oração Eucarística é o ponto alto de toda a celebração, ela merece atenção especial. É a oração que invoca direta e eficazmente a presença tanto do sacrifício quanto da refeição. Nenhuma outra fórmula da Missa combina habilmente a idéia da refeição com o sacrifício, a fórmula da bênção à mesa com o ato da oblação e a narração da Última Ceia com o memorial da morte de Cristo na cruz. A Oração Eucarística é tanto fórmula de bênção quanto memorial do sacrifício, mas sua linguagem nem sempre lhes conferiu ênfase igual. De fato, o Cânone romano, cuja linguagem é preponderantemente sacrifical, é chamado de *actio sacrificii* pelo *Liber Pontificalis* do século VI em sua nota sobre o papa Leão Magno. As expressões seguintes confirmam essa observação: *accepta habeas; haec dona, haec munera, haec sancta sacrificia illibata; hanc igitur oblationem; quam oblationem... benedictam, adscriptam, ratam, rationabilem, acceptabilemque facere; hostiam puram, hostiam sanctam, hostiam immaculatam; e ex hac altaris participatione.*[48]

As três outras Orações Eucarísticas, porém, especialmente aquela baseada na *Tradição apostólica* de Hipólito, usam um tipo de linguagem que se refere claramente à bênção proferida em uma refeição. A. Nocent escreve que essas orações parecem estar mais próximas em termos de estrutura e linguagem à "oração de bênção que Cristo certamente usou na última ceia". Elas podem ser consideradas como fórmulas de bênção à mesa que lembram o mistério pascal através de anamnese.[49]

É verdade que palavras sacrificais como *offerimus*, *hostia* e *oblatio* estão presentes também nas novas Orações Eucarísticas. Deveríamos observar, entretanto, que elas estão inseridas no marco de fórmulas para bênçãos proferidas em refeições. Em outras palavras, desde o início essas orações foram concebidas e compostas como fórmulas para a bênção à mesa eucarística, e não como uma oferenda sacrifical. Isso de

---

[48] *Liber pontificalis*, ed. por U. Prerovsky, Roma, 1978, v. 2, 47, n. 5, p. 109. Cf. M. WITCZAK, *The Language of Eucharistic Sacrifice: Immolare and Immolatio in Prefaces of the Roman Tradition*, Rome, 1987; A. NOCENT, A oração eucarística no cânon romano. In: VV.AA. *A eucaristia, teologia e história da celebração.* São Paulo, 1986, pp. 246-265, Anamnesis 3.

[49] Cf. NOCENT, As novas orações eucarísticas. In: VV.AA. *A eucaristia, teologia e história da celebração.* São Paulo, 1986, pp. 246-265, Anamnesis 3.

• • • 43 • • •

forma alguma confirma as alegações de críticos de que as novas Orações Eucarísticas eliminaram da Missa a doutrina do sacrifício. A acusação origina-se da falta de uma distinção clara entre o conteúdo dessas novas Orações Eucarísticas, que é o sacrifício definitivo de Cristo na cruz, e sua forma estrutural e lingüística, que se refere à sua Última Ceia.

Assim, o *Missal Romano* de Paulo VI apresenta dois modelos para a Oração Eucarística: um que é sacrifical tanto no conteúdo quanto na forma, e outro cujo conteúdo é sacrifical, mas cuja forma é moldada com base na bênção à mesa. É evidente que a orientação de cada um dos dois modelos deveria ser considerada doutrinariamente correta, a não ser que se queira censurar a Santa Sé. Mas o que nos interessa aqui é a escolha do modelo para a composição de outras Orações Eucarísticas. Se aceitarmos a distinção entre conteúdo e forma, então a questão sobre que modelo escolher se torna secundária e acadêmica.

Portanto, a distinção, que aqui não implica qualquer separação física, entre conteúdo teológico e forma litúrgica é uma condição necessária para a aplicação correta do método da equivalência dinâmica. Não se pode enfatizar suficientemente o princípio enunciado por SC 21: "Na verdade, a liturgia compõe-se de uma parte imutável, porque de instituição divina, e de partes suscetíveis de mudanças". Deixar de fazer essa distinção poderia levar à confusão não somente entre conteúdo teológico e forma litúrgica, mas também entre o que não pode ser mudado e o que pode ou necessita ser mudado.

O método da assimilação criativa

Durante a época da criatividade patrística, a inculturação litúrgica evoluiu através da assimilação de ritos e expressões lingüísticas pertinentes, religiosos ou outros, usados pela sociedade de então. Dessa maneira, autores como Tertuliano, Hipólito e Ambrósio contribuíram para o progresso da forma dos ritos de iniciação. Exemplos clássicos são a unção batismal, a entrega do cálice de leite e mel e o lava-pés dos neófitos. Termos técnicos como *eiuratio* para designar a renúncia batismal, *fidei testatio* para a profissão de fé, *mystagogia* e *initiatio* foram introduzidos, muitas vezes definitivamente, no vocabulário litúrgico.[50]

Ritos pertinentes emprestados das tradições sociorreligiosas do período adquiriram um significado cristão através do sistema de tipologia bíblica. Muitas vezes, serviram como ritos explanatórios dos sacramentos detalhando o núcleo do rito litúrgico. Assim, o rito da iniciação evoluiu do simples "lavar em água com a palavra" (Ef 5,26) apostólico para uma celebração litúrgica plena que incluía uma unção pré-batismal, o ato de renúncia (voltado para o oeste) e a profissão de fé (voltado para o leste), a bênção da água batismal e os ritos pós-batismais de ungir com crisma, vestir uma roupa branca e dar a vela acesa.[51]

Esse método exerceu um papel significativo na formação da liturgia durante o período patrístico. Contudo, em vista da disposição de SC 38-39 e 63b concernente às edições típicas, a assimilação criativa não deveria ser considerada o método ordinário de inculturação litúrgica. De acordo com esses textos conciliares, o processo de inculturação normalmente inicia a partir das edições típicas. De certo modo, o trabalho de inculturação tem mais afinidade com a tradução do que com a criatividade.

A propósito, podemos ler o parágrafo que conclui a Instrução sobre a tradução de textos litúrgicos levando em conta os métodos de assimilação criativa e equivalência dinâmica:

> Está claro que textos traduzidos de outra língua não são suficientes para a celebração de uma liturgia plenamente renovada. A criação de novos textos será necessária. Mas a tradução de textos transmitidos através da tradição da Igreja é a melhor escola e disciplina para a criação de textos novos, de modo que quaisquer

---

[50] Cf. GY, The Inculturation of the Christian Liturgy in the West, pp. 8-18. Gy expõe os termos *confessio, absolutio* e *paenitentiae*; veja também CHUPUNGCO, *Cultural Adaptation of the Liturgy*, pp. 10-27.

[51] Cf. B. NEUNHEUSER, *Baptism and Confirmation*, New York, 1964; A. KAVANAGH, *The Shape of Baptism: The Rite of Christian Initiation*, New York, 1978, pp. 35-78 [Ed. bras.: *Batismo: rito de iniciação cristã; tradição, reformas, perspectivas*, São Paulo, 1987]; A. NOCENT, Preistoria e primi sviluppi dell'iniziazione (I-IV sec.), *Anamnesis*, Genova, 1986, v. 3, n. 1, pp. 17-39 [Ed. bras.: *Os sacramentos, teologia e história da celebração*. São Paulo, 1990, Anamnesis 4].

formas novas adotadas deveriam, de alguma maneira, surgir organicamente a partir de formas já existentes.[52]

Certamente haverá ocasiões em que a liturgia plenamente renovada de uma Igreja local exigirá a inculturação através da aplicação da assimilação criativa. Mas a inculturação baseada nas edições típicas é a melhor escola e disciplina para a criatividade na liturgia.

A assimilação criativa é, às vezes, o único método realista à mão para desenvolver a forma do ritual específico de uma Igreja local. Isso se aplica claramente à disposição de SC 77, que permite, de acordo com o número 63, à conferência episcopal "preparar um rito próprio [de matrimônio] de acordo com os usos dos vários lugares e povos". As Igrejas locais podem enriquecer consideravelmente a edição típica do rito do matrimônio expandindo sua forma ritual. Em relação a isso, seria útil examinar a possibilidade de incorporar no ritual específico ritos e símbolos adequados utilizados em ritos de matrimônio nativos. Por meio da assimilação criativa, o rito de matrimônio da Igreja local vai adquirir uma nova forma, possivelmente um novo plano e um novo conjunto de fórmulas e ritos explanatórios.[53] As novas características não servirão como equivalentes dinâmicos dos elementos presentes na edição típica. Elas desempenharão o papel de protagonistas na elaboração de um novo rito. Lembramos que, durante os séculos iniciais da história da Igreja, os ritos greco-romanos de iniciação exerceram um papel semelhante no desenvolvimento da forma do Batismo.

A assimilação criativa pode ser empregada proveitosamente para a inculturação de outras celebrações litúrgicas, como exéquias e bênçãos, e a introdução de novas festas litúrgicas inspiradas por acontecimentos históricos e festas locais de significação nacional. Atenção especial deveria ser dada aos ritos introdutórios e explanatórios de celebrações sacramentais. Esses ritos podem facilmente criar espaço para características novas,

---

[52] Consilium, Instrução *Comme le prévoit*, 25 de janeiro de 1969, n. 43.

[53] Cf. R. Serrano, *Towards a Cultural Adaptation of the Rite of Marriage*, Rome, 1987. Essa tese de doutorado publicada foi apresentada ao Pontifício Instituto Litúrgico.

pois eles não esgotam tudo que pode ser dito sobre os sacramentos. Certamente há outros pontos doutrinais relativos ao Batismo além do que o crisma, a veste branca e a vela acesa representam. O Batismo também produz efeitos como a condição de membro na comunidade cristã, participação na Eucaristia e chamado ao serviço. Dependendo das prioridades doutrinais ou morais da Igreja local, ritos introdutórios e explanatórios adequados, emprestados da cultura, podem ser introduzidos no rito do batismo. Podem, por fim, substituir, se for oportuno fazer isso, alguns dos ritos explanatórios na edição típica.

Nestes mesmos termos, G. Ramshaw-Schmidt faz uma sugestão oportuna em uma proposta de rito intitulada "Celebração do Batismo em estágios".[54] Depois de dar a vela acesa para cada família dos recém-batizados, "as crianças são recebidas à mesa da Eucaristia" com palavras que exortam as famílias a receber as crianças à mesa eucarística. O rito termina com a apresentação das crianças à comunidade da Igreja: "O presidente poderá carregar uma criança ou fazer com que as famílias carreguem suas respectivas crianças pelos corredores e pela igreja, erguendo-as no alto e mostrando à igreja seus mais novos membros".[55] Esses ritos explanatórios adicionais se situam no âmbito da assimilação criativa. Em países de missão, onde ritos iniciatórios nativos ainda são praticados, os novos ritos introdutórios e explanatórios terão uma conotação cultural mais óbvia. Quanto a isso, SC 65 apresenta a seguinte disposição: "Nas terras de missão, além do que existe na tradição cristã, seja também lícito admitir os elementos de iniciação que se encontram em cada povo, à medida que possam ser acomodados ao rito cristão, segundo os números 37-40 dessa constituição".

O método da progressão orgânica

O terceiro método de inculturação é o que pode ser chamado "progressão orgânica". É o trabalho de suplementar e completar a forma

---

[54] G. Ramshaw-Schmidt, Celebrating Baptism in Stages: A Proposal, in: *Alternative Futures for Worship*, v. 2, pp. 137-155.

[55] Ibid., pp. 152-153.

da liturgia estabelecida pela constituição sobre a liturgia e pela Santa Sé depois do concílio. À luz das experiências pós-conciliares de Igrejas locais, as edições típicas de livros litúrgicos são relidas com o propósito de preencher o que nelas está faltando ou de completar o que afirmam de forma apenas parcial e imperfeita. É uma maneira de dizer que as novas formas litúrgicas, que não foram consideradas pela constituição sobre a liturgia ou pelas edições típicas, deveriam ter estado presentes o tempo todo, que elas certamente teriam sido incluídas no rito litúrgico se ele fosse redigido nos dias de hoje. Em resumo, o método é progressivo por causa da forma nova que confere à liturgia. Ao mesmo tempo, é orgânico, pois seu resultado concorda com a intenção básica dos documentos litúrgicos e, em um sentido mais amplo, com a natureza e tradição da liturgia.[56]

SC 23 sublinha o conceito de progressão orgânica: "[...] não se introduzam inovações, a não ser [...] com a preocupação de que as novas formas como que surjam a partir das já existentes". A comissão conciliar explicou que, no texto, a expressão "novas formas" sugere amplamente a criação de ritos novos. O texto não fecha portas, embora instile a necessidade de continuidade e previna a Igreja contra inovações impertinentes.[57]

A progressão orgânica parte do ponto em que os autores da constituição sobre a liturgia ou os revisores das edições típicas pararam. O método não consiste em um desdobramento gradual da forma litúrgica de uma forma simples para uma complexa. Sabe-se que a comissão conciliar confiou a decisão sobre certas questões de importância à comissão pós-conciliar. Dois exemplos são a proposta de criar novas festas litúrgicas e a idéia de transferir, em circunstâncias específicas, a obrigação semanal do domingo para um outro dia da semana.[58] Em outras ocasiões, a comissão conciliar não considerou oportuno entrar em questões teológicas contro-

---

[56] Uma exposição mais extensa desse assunto se encontra em A. Chupungco, Inculturation and the Organic Progression of the Liturgy, *Ecclesia Orans*, v. 7, n. 1, pp. 7-21, 1990.

[57] Cf. *Schema Constitutionis de Sacra Liturgia*, cap. 1, *emendationes* 4, Cidade do Vaticano, 1967, 8. Daqui em diante, citado como *Schema*.

[58] Cf. ibid., *De anno liturgico, emendationes*, Cidade do Vaticano, 1968, 11.

vertidas como a repetição da unção ao longo da mesma enfermidade.[59] E, para alcançar um consenso, a comissão, às vezes, contentou-se com uma solução conciliatória, ou *via media* [caminho intermediário], da qual SC 36 é um caso clássico: "Salvo o direito particular, seja conservado o uso da língua latina nos ritos latinos".

As observações precedentes demonstram a existência de lacunas na constituição sobre a liturgia. Em parte alguma ela dispõe sobre a adaptação do Ordinário da Missa. SC 50 se limita às normas e critérios a serem seguidos na revisão do *Missal Tridentino*. A constituição não aborda a repetição do rito da unção durante a mesma enfermidade, embora esta fosse a prática até o século XIII. Tampouco menciona a possibilidade de usar qualquer tipo de óleo vegetal para o sacramento dos enfermos, embora vários bispos das missões o solicitassem. Por que essas lacunas? Quanto à questão da repetição do sacramento da unção, os padres conciliares claramente não desejavam entrar em uma questão controvertida. De fato, o texto proposto da constituição continha originalmente uma disposição que renovava a prática, mas o concílio votou por sua extinção. Ao mesmo tempo, a tradição secular de manter um só Ordinário da Missa para o Rito Romano parece ter influenciado os padres conciliares no sentido de excluir de consideração adaptações futuras. Quanto ao uso de outros óleos vegetais para ungir os doentes, parece que o concílio simplesmente não percebeu sua urgência.

Também há lacunas perceptíveis nas edições típicas dos livros litúrgicos pós-conciliares. Reconhecendo a pobreza textual e ritual do rito do matrimônio, SC 77 ordenou que ele fosse revisado e enriquecido. O rito foi revisado em 1969 e novamente em 1990, mas persiste a consciência de que ainda restaram lacunas. A edição típica revisada de 1990 continua apresentando a disposição de que "as fórmulas do Rito Romano podem ser adaptadas ou, conforme o caso, complementadas (incluindo as perguntas antes do consentimento e as palavras efetivas

---

[59] Cf. ibid., *De ceteris sacramentis, modus* 3, Cidade do Vaticano, 1968, n. 60, p. 16.

de consentimento)".[60] A presença de lacunas na edição típica mostra que as Igrejas locais têm um papel significativo a exercer no processo de progressão orgânica. Somente elas possuem uma avaliação mais completa de suas necessidades pastorais e culturais.

Depois do concílio, várias lacunas foram preenchidas durante o papado de Paulo VI. O fermento da mudança que afetava profundamente a Igreja não podia ser ignorado pela Santa Sé. Em todo o mundo, especialmente nas missões, havia um clamor por formas novas, algumas das quais a constituição sobre a liturgia não tinha e não podia ter previsto. Como o papa Paulo VI aconselhou aos revisores dos livros litúrgicos, "a voz da Igreja atualmente não deveria ser tão constrita que não pudesse entoar um cântico novo, se a inspiração do Espírito Santo a levasse a isso".[61]

No espírito da progressão orgânica, os revisores pós-conciliares atentaram prontamente para as várias lacunas no documento conciliar. São muitos os casos em que a progressão orgânica atuou claramente. Os que se destacam são o uso do vernáculo em todas as celebrações litúrgicas; a incorporação nas edições típicas de elementos novos como a absolvição geral e as novas Orações Eucarísticas; a possibilidade de repetir a unção no decurso da mesma enfermidade; a permissão de usar outro tipo de óleo vegetal para o sacramento dos enfermos; e a possibilidade de redigir Ordinários específicos da Missa.

O trabalho de progressão orgânica deveria continuar no nível das Igrejas locais. As edições típicas normalmente oferecem uma ampla gama de opções e possibilidades. Mas a amplitude da inculturação não deveria ser limitada pelas disposições contidas em um documento. As edições típicas não têm condições de prever para uma Igreja local todas as opções e possibilidades de inculturação. Portanto, sua disposição se mostrará insuficiente e, às vezes, também deficiente quando confrontada

---

[60] *Ritual do matrimônio*, n. 41.

[61] PAULO VI, Discurso aos membros e peritos do Consilium, 13 de outubro de 1966.

com a exigência de uma liturgia verdadeiramente inculturada. As Igrejas locais podem consultar a Santa Sé não somente para obter a necessária permissão ou consentimento, mas também para aprender, de sua feliz e fecunda experiência depois do concílio, a lidar com as lacunas e com o projeto inacabado de reforma. Como a progressão orgânica consiste em suprir o que permaneceu implícito nos documentos litúrgicos, ela é, de certa forma, uma continuação do trabalho do concílio por parte da Santa Sé ou do trabalho da Santa Sé por parte das Igrejas locais.

A progressão orgânica ocupa um lugar importante na reforma pós-conciliar. Serve como uma justificação ou talvez uma apologética do que transpirou na área da liturgia depois do Vaticano II. Grupos de contra-reforma têm atacado freqüentemente a reforma litúrgica executada pela Santa Sé por transpor os limites estabelecidos pela constituição sobre a liturgia.[62] Mas críticas misturadas com frustração e censura são inclusive mais altas contra os esforços de Igrejas locais no sentido de inculturar a liturgia. Certamente nem sequer pensamos em justificar abusos gritantes mediante um recurso à progressão orgânica. Mas não podemos fechar a porta para o progresso simplesmente porque o texto dos documentos oficiais não estipula nada de modo explícito ou implícito sobre a questão. Há lacunas, e elas precisam ser preenchidas. Os projetos inacabados de reforma conciliar têm de ser completados.

Em conclusão, podemos expressar a convicção de que, se a progressão orgânica não tivesse tido certo papel na revisão pós-conciliar das edições típicas dos livros litúrgicos, a Igreja atual teria sido tristemente privada de uma vida litúrgica mais rica. De forma semelhante, se a progressão orgânica não influenciar o trabalho de inculturação entre Igrejas locais, a liturgia para a Igreja local tem poucas perspectivas de se tornar uma realidade.

---

[62] Cf. A. BUGNINI, *The Reform of the Liturgy, 1948-1975*, Collegeville, 1990, pp. 277-301. Bugnini relaciona, entre os grupos de contra-reforma, a Una Voce, a Fraternidade de São Pio X (fundada pelo arcebispo M. Lefebvre) e o Movimento Tradicionalista Católico.

Rumo à criatividade litúrgica

A inculturação, que pertence à categoria da tradução dinâmica, não é o passo final no processo de produzir a realidade da liturgia para uma Igreja local. A Instrução de 1969 sobre a tradução de textos litúrgicos afirma abertamente que "está claro que textos traduzidos de outra língua não são suficientes para a celebração de uma liturgia plenamente renovada. A criação de novos textos será necessária".[63] Qualquer forma de liturgia inculturada, por mais culturalmente dinâmica que seja em sua expressão, permanece um tipo de tradução e, por isso, não pode satisfazer todos os requisitos para uma liturgia que seja capaz de responder a toda a necessidade local. A uma certa altura, haverá necessidade de fazer mais do que apenas uma tradução dinâmica da liturgia romana.

A criatividade litúrgica cobre um amplo espectro de significados que vai de formas absolutamente novas de liturgia a um simples caso de adaptação. Muitas vezes, é associada com a moldagem imaginativa ou original de ritos litúrgicos, que são comumente conhecidos como "liturgias criativas". Estas são freqüentemente concebidas para celebrações especiais, sobretudo com jovens, visando tornar o culto oficial mais relevante ou, pelo menos, mais palatável ao grupo.[64] É lamentável que liturgias criativas dêem, às vezes, a impressão de serem produto de mera fantasia e de terem, se é que a têm, apenas uma vaga referência aos princípios e tradições da liturgia.

Como sugerem as palavras "criatividade litúrgica", estamos lidando aqui com ritos litúrgicos formados independentemente da disposição, seja explícita seja implícita, das edições típicas dos livros romanos. Não é necessário dizer que esses ritos, para serem reconhecidos pela Igreja como formas de culto oficial, precisam ter alguma base em ou referência à tradição litúrgica e têm de seguir os princípios concernentes ao culto cristão. Na liturgia, o conceito de criativida-

---

[63] Consilium, Instrução *Comme le prévoit*, n. 43.
[64] Cf. B. KENNY (ed.), *Children's Liturgies*, New York, 1977.

de não é do tipo absoluto designado por filósofos escolásticos como *creatio ex nihilo sui et subiecti*. A liturgia é, em parte, revelada e instituída por Cristo, ou, como o expressa SC 21, "na verdade, a liturgia compõe-se de uma parte imutável, porque de instituição divina, e de partes suscetíveis de mudanças". Esses elementos imutáveis foram transmitidos pela tradição e subsistem em cada rito litúrgico novo instituído pela Igreja. A criatividade litúrgica não significa o desdém total pela tradição ou qualquer material litúrgico preexistente. Significa simplesmente que está preocupada com novas formas litúrgicas não baseadas nas edições típicas romanas.

A cultura, a tecnologia e a ideologia influenciam a forma das liturgias criativas. Observamos isso em exemplos de ritualização criativa como a dança simbólica na procissão do ofertório ou durante o entoar do *Magnificat* nas vésperas, a representação da leitura do Evangelho e o uso de audiovisuais na oração universal, também conhecidos nas décadas de 1970 e 1980 como multimídia. Em situações de descontentamento sociopolítico, essas formas podem ter suporte ideológico. Elas podem encenar os sentimentos de raiva e frustração das pessoas. É por isso que as liturgias criativas são, às vezes, associadas com a contextualização. A cultura e a ideologia igualmente afetam textos criativos. Esses são composições originais diferentes, em termos de tema e caráter, do *corpus* de fórmulas romanas. Em situações de insatisfação, elas dão vazão a ressentimentos públicos.

Não seria correto, porém, identificar as liturgias criativas inteiramente com a contextualização. A dança simbólica é uma forma de arte capaz de transmitir o espírito de alegria, tristeza ou gratidão presente no rito litúrgico. A representação de uma passagem bíblica pode ter valor catequético. Audiovisuais podem gravar a mensagem mais profundamente na memória da assembléia.[65] Além disso, há ritos, cada vez mais chamados de "liturgias alternativas", que visam expressar aquelas facetas da tradição litúrgica ou da vida moderna que não são consideradas pelo

---

[65] Cf. K. Schneider; A. Ortegel, *Light Multimedia: Techniques for Celebration*, Chicago, 1982.

Rito Romano.[66] Ver o Batismo de crianças também à luz das ciências humanas modernas ou o sacramento da reconciliação de acordo com suas dimensões psicológicas é uma das propostas de abordagem das liturgias alternativas.[67]

O conceito de criatividade litúrgica pode ser aplicado, em um sentido amplo, a liturgias aculturadas e inculturadas. Elas também são produtos da criatividade. De fato, é difícil pensar em algum exemplo de inculturação em que o espírito criativo e a capacidade imaginativa não tenham atuado. O mero fato de que uma nova forma litúrgica baseada na edição típica passou a existir através da inculturação já é uma prova clara de que a criatividade fez parte do processo. Contudo, a liturgia inculturada difere de outras liturgias criativas, pois, diferentemente destas, ela está relacionada, por definição, mesmo que apenas frouxamente, com as edições típicas romanas.

A história da liturgia atesta a capacidade criativa de a Igreja moldar novos ritos para transmitir a mensagem de maneira que pudesse ser compreendida e apreciada pela comunidade celebrante. Uma das formas favorecidas pelo concílio é a tradução dinâmica da liturgia romana, ou a inculturação, por meio da qual o conteúdo original do rito é preservado. Mas a vida cristã é mais rica em termos de conteúdo e escopo do que a liturgia romana. A vida é mais do que aquilo que as fórmulas e os ritos romanos conseguem incorporar. Em resumo, sozinha a inculturação não pode satisfazer plenamente todos os requisitos para uma liturgia verdadeiramente renovada de uma Igreja local. A criatividade, que sempre foi uma característica inerente do culto da Igreja, é, às vezes, não uma mera opção, mas um imperativo para uma Igreja local desejosa de que sua liturgia seja relevante e tenha impacto sobre a vida dos fiéis.

---

[66] Cf. *Alternative Futures for Worship*, 7vv.

[67] Cf. A. THOMPSON, Infant Baptism in the Light of the Human Sciences, in: ibid., v. 2, pp. 55-102; P. ROY, Psychological Dimensions of Reconciliation, in: ibid., v. 4, pp. 17-31.

II

Sacramentais e inculturação litúrgica

Uma definição de sacramentais

Os sacramentais, ou "sacramentos menores", como Hugo de São Vítor os chamava — pois é isso que são na realidade —, tendem a ser considerados acessórios dos sacramentos. Essa atitude infelizmente dá, muitas vezes, a impressão de que os sacramentais não ocupam nenhum papel de importância na economia da salvação. Nada, porém, está mais longe da verdade. Embora os sacramentais, diferentemente dos sacramentos, não sejam de instituição divina e não produzam seu efeito *ex opere operato*, seria um erro grave lançar sobre eles um mero olhar secundário, ou, pior, desconsiderá-los completamente. A Igreja sempre esteve bem consciente de que a vida espiritual dos fiéis não está limitada à participação nos sacramentos e que os sacramentais exercem o papel significativo de fomentar o efeito dos sacramentos.

Quando colocamos a liturgia no marco dos diferentes ciclos da vida e das atividades humanas, compreendemos que não somente a Eucaristia e outros sacramentos, o Ofício Divino e o ano litúrgico, mas também os sacramentais ocupam lugares destinados a eles. Enquanto o Ofício Divino santifica o ciclo do dia, e as festas litúrgicas consagram o ciclo do ano e as estações ao mistério pascal, os sacramentais completam, suplementam ou estendem o efeito da santificação produzido pelos sacramentos. Além do terreno da vida e das atividades humanas coberto pelos sete sacramentos, há inúmeras outras situações na vida de um indivíduo, de uma família ou de uma comunidade que necessitam da oração da Igreja e da bênção de Deus. Algumas delas, como a profissão religiosa, as exéquias cristãs, a bênção de um novo lar e a dedicação de uma igreja, são pontos significativos na vida de indivíduos e comunidades. Em ocasiões como essas, a Igreja invoca a presença de Deus e ora por graça especial.

A constituição sobre a liturgia, número 60, copiando em parte a definição clássica de sacramentais do Código de Direito Canônico de 1917, explica a natureza e propósito deles nestas palavras: "[...] a santa mãe Igreja instituiu os sacramentais. São sinais sagrados que têm certo parentesco com os sacramentos, significando efeitos espirituais, que se obtêm pela oração da Igreja. Pelos sacramentais os seres humanos se dispõem para receber o efeito principal dos sacramentos e são santifica-das as diversas circunstâncias de sua vida". O eminente comentarista da constituição sobre a liturgia J. Crichton escreve a propósito da definição conciliar de sacramentais: "Sem dúvida, para evitar uma discussão pu-ramente teológica (em que ela não está interessada), a constituição dá o que é quase a definição de sacramentais do Código de Direito Canônico (cân. 1.144)."[1]

Mas há diferenças perceptíveis. Enquanto o antigo Código define sacramentais como objetos (*res*) ou ações (*actiones*), a constituição sobre a liturgia fala deles como sinais (*signa*). Como a constituição usa a mesma palavra para designar os sacramentos, é razoável pensar que a ênfase so-bre ação ou celebração dada pelo documento conciliar aos sacramentos deveria aplicar-se também aos sacramentais. Pois os sacramentais são *in genere signi*. Mais do que meros objetos de devoção, eles são atividades ou celebrações litúrgicas da comunidade reunida para o culto. Por esse motivo, SC 79 orienta que "os sacramentais sejam revistos, tendo-se em conta o princípio fundamental de uma participação consciente, ativa

---

[1] J. Crichton, *The Church's Worship*, London, 1964, p. 164. O cânone 1.144 reza: "Sacramentalia sunt res aut actiones quibus Ecclesia, in aliquam Sacramentorum imitationem, uti solet ad obtinendos ex sua impetratione effectus praesertim spirituales". O Código de Direito Canônico de 1983 (cânone 1.166) tomou sua definição emprestada de SC 60.

e fácil dos fiéis". Em outras palavras, os sacramentais são, sobretudo, celebrações litúrgicas. Certos objetos são, naturalmente, também chamados sacramentais, visto que se destinam para o uso na celebração do culto. Exemplos deles são água benta, velas, cinzas e ramos de palmas abençoados respectivamente na festa da Apresentação de Nosso Senhor, Quarta-feira de Cinzas e Domingo de Ramos. As medalhas e o rosário são chamados de sacramentais menos apropriadamente, pois não fazem parte da liturgia.

C. Vagaggini, o único entre os teólogos-liturgistas que tratou extensivamente do tópico dos sacramentais, distingue dois tipos de sacramentais: aqueles que são coisas e aqueles que são ações. Escreve ele:

> Os sacramentais que são coisas são os que permanecem mesmo depois que a ação aconteceu, como água benta, velas abençoadas, ramos de oliva ou palma abençoados, as cinzas da Quarta-feira de Cinzas. Os sacramentais que são ações são os que passam junto com a própria ação com que foram constituídos.[2]

Podemos perceber uma semelhança específica entre os objetos usados para a celebração dos sacramentais e os elementos, como água e óleo, para os sacramentos. De fato, por tradição falamos de água batismal, crisma, óleo dos catecúmenos e óleo para os enfermos como sacramentos, embora o sacramento em si consista propriamente na ação ou celebração ritual.

Outra diferença é que a definição do concílio anexa os sacramentais mais estreitamente aos sacramentos: eles não somente se assemelham aos sacramentos, mas também dispõem as pessoas a receber o efeito dos sacramentos. A intenção de conectar os sacramentais com os sacramentos está evidente na maneira como a constituição os reuniu em um único capítulo. SC 61, 62 e 63 são números introdutórios que tratam de ambos. A um *modus* apresentado ao concílio sugerindo que os sacramentais fos-

---

[2] C. VAGAGGINI, *Theological Dimensions of the Liturgy*, Colleville, 1976, p. 86; veja também A. DONGHI, Sacramentais, in: D. SARTORE; A. TRIACCA (ed.), *Dicionário de liturgia*, São Paulo, 1992, pp. 1.045-1.058.

sem tratados em um capítulo separado, a comissão conciliar respondeu o seguinte: "Por sua natureza, os sacramentais estão intimamente ligados aos sacramentos, e a prática é tratar de ambos sob o mesmo tópico".[3]

Uma terceira diferença é a menção explícita do poder santificador dos sacramentais: "Eles santificam as diversas circunstâncias da vida humana". Depois de examinar longamente esse aspecto dos sacramentais, Vagaggini conclui que "um sacramental, no sentido restrito de hoje, consiste diretamente em uma oração de impetração feita pela Igreja e, mediante essa oração, em uma santificação".[4] SC 61 dá um breve resumo desse assunto:

> A liturgia dos sacramentos e dos sacramentais permite que a graça divina, que promana do mistério pascal da paixão, morte e ressurreição de Cristo, do qual recebem sua eficácia todos os sacramentos e sacramentais, santifique todos os acontecimentos da vida dos fiéis que os recebem com a devida disposição. De tal forma que todo uso honesto de coisas materiais possa ser dirigido à santificação do ser humano e ao louvor a Deus.

Embora não possuam a mesma intensidade e eficácia dos sacramentos, os sacramentais são meios de santificação humana. Como os sacramentos, seu poder deriva do mistério pascal.

A constituição sobre a liturgia, que, diga-se de passagem, não toma conhecimento dos sacramentais como objetos, oferece apenas uma lista limitada de sacramentais. SC 79 menciona bênçãos, SC 80 os ritos para a consagração de virgens e de profissão religiosa, SC 81 o rito de exéquias, e SC 82 o rito para o sepultamento das crianças. Depois do concílio, um número considerável de sacramentais foi publicado em rituais separados, ou seja, a bênção de abades e abadessas, a consagração de virgens, a profissão religiosa, a instituição de leitores e acólitos, a dedicação de uma igreja e um altar, a bênção de óleos, o rito de exéquias e o rito de coroar imagens

---

[3] *Schema Constitutionis de Sacra Liturgia, modus* 3, Cidade do Vaticano, 1963, n. 27, p. 10. Daqui em diante, citado como *Schema*. As traduções são do autor.

[4] Vagaggini, *Theological Dimensions of the Liturgy*, p. 88.

de Nossa Senhora. O *Ritual de bênçãos*, publicado em 1984, limita-se às bênçãos que não têm um ritual separado. Essas bênçãos, que chegam a quarenta e oito tópicos, tratam da bênção de pessoas, animais e coisas, incluindo campos, prédios, instrumentos de trabalho, veículos e objetos devocionais. Por fim, o *Cerimonial dos bispos*, igualmente publicado em 1984, dedica uma parte do livro aos sacramentais que são normalmente celebrados pelo bispo.[5]

Os princípios conciliares da inculturação

O vasto material sobre os sacramentais, que um autor comparou a uma selva, não permitirá uma exposição minuciosa de como cada um dos sacramentais pode ser inculturado. Há, porém, princípios gerais claramente enunciados pela constituição sobre a liturgia que definem a natureza e finalidade dos sacramentais e, por isso, sendo quase essenciais, são de extrema importância para o trabalho da inculturação. Além disso, as edições típicas para os sacramentais publicadas depois do concílio oferecem várias sugestões sobre como eles podem ser adaptados às necessidades de Igrejas locais. Essas sugestões têm uma influência prática sobre a inculturação dos ritos de diferentes sacramentais.

A constituição sobre a liturgia dedica oito números aos sacramentais: SC 60-63 e 79-82. SC 60 e 61 definem a natureza e o efeito dos sacramentais; SC 62, 63 e 79 expõem os princípios que determinam sua reforma; e os demais números delineiam as normas específicas para a revisão do rito para a consagração de virgens, do rito de profissão religiosa e do rito de exéquias.

Um exame mais minucioso de SC 60-63 e 79 lançará luz sobre aquilo que o concílio pretendia quando emitiu a ordem de revisar a liturgia dos sacramentais. "[...] no decorrer dos tempos", observa SC 62,

---

[5] Cf. VV.AA., *Os sacramentais e as bênçãos*, São Paulo, 1993, Anamnesis v. 6, estuda as principais formas de sacramentais: consagração de virgens, bênção de abades e abadessas, profissão religiosa e monástica, dedicação de uma igreja e um altar, bênçãos e o rito de exéquias.

"se introduziram certos costumes nas cerimônias dos sacramentos e dos sacramentais que tornam hoje menos clara sua natureza e fim; devem-se por isso fazer algumas adaptações às necessidades dos nossos tempos [...]." A intenção subjacente ao decreto conciliar quanto à revisão e, conseqüentemente, à adaptação (ou inculturação) dos sacramentais torna-se mais clara se o decreto é visto a partir de seus suportes teológicos, culturais e pastorais.

Os princípios teológicos

Os sacramentais instituídos pela Igreja têm uma espécie de semelhança com os sacramentos. Como os sacramentos, eles são sinais sagrados realizados ou celebrados como ritos litúrgicos para significar efeitos, especialmente espirituais. Vagaggini cita os principais efeitos dos sacramentais: primeiro, graça atual para pessoas e, por meio dela, a recuperação ou o aumento da graça santificadora; segundo, a prevenção da influência diabólica sobre pessoas ou coisas; e, terceiro, graças temporais tendo em vista o bem espiritual da pessoa.[6] No entanto, diferentemente dos sacramentos, os sacramentais produzem esses efeitos através da oração intercessora da Igreja ou, em linguagem tradicional, *ex opere operantis Ecclesiae*. Essa expressão, que é um pouco difícil de traduzir, significa que, quando os sacramentais são celebrados da forma prescrita pela Igreja para que sejam válidos, o papel intercessor da Igreja é denotado e realizado. Por causa da união da Igreja com Cristo, que é sua cabeça, Deus aceita a oração da Igreja.[7] Em outras palavras, o valor e eficácia da oração da Igreja se baseiam, em última análise, na própria oração sacerdotal de Cristo.

Como os sacramentos, o poder dos sacramentais deriva do mistério pascal. Não deveríamos hesitar em afirmar que a liturgia dos sacramentais contém e proclama a morte e ressurreição de Jesus. Nas palavras

---

[6]   Cf. VAGAGGINI, *Theological Dimensions of the Liturgy*, p. 113.

[7]   Veja, em ibid., pp. 112-127, a explicação de Vagaggini a respeito da eficácia dos sinais litúrgicos instituídos pela Igreja.

de Vagaggini, "todos os sacramentais, por implicarem santificação, são também sinais comemorativos da Paixão de Cristo como causa meritória dessa santificação".[8] Como os sacramentos, os sacramentais foram instituídos com o propósito de santificar, mediante a graça divina que flui do próprio mistério pascal, várias ocasiões na vida dos fiéis que têm a devida disposição. SC 61 ensina que na liturgia "todo uso honesto de coisas materiais pode ser dirigido à santificação do ser humano e ao louvor a Deus". Por fim, em relação aos sacramentos, os sacramentais dispõem os fiéis a receber o efeito principal dos sacramentos. Levam os fiéis aos sacramentos, lembram-nos do efeito e das obrigações que fluem dos sacramentos e estendem no tempo e em várias situações de vida a experiência dos mistérios salvíficos de Cristo.[9] A natureza e os efeitos dos sacramentais estão tão enxertados nos sacramentos que é difícil falar deles isoladamente.

Esses princípios teológicos influenciam profundamente qualquer projeto de inculturar a liturgia dos sacramentais. Em relação a isso, é importante lembrar que os sacramentais ocupam um lugar especial no esquema da vida sacramental da Igreja. Esse esquema inclui os seguintes pontos básicos: primeiro, os sacramentais se assemelham aos sacramentos; segundo, eles dispõem os fiéis a receber o efeito principal dos sacramentos; e, terceiro, eles santificam várias ocasiões da vida humana. Esses três pontos merecem um exame mais minucioso.

Primeiro, visto que os sacramentais se assemelham aos sacramentos, eles compartilham, de alguma forma, as qualidades inerentes aos sacramentos. Por isso, a doutrina de SC 7 sobre a natureza da liturgia se aplica, embora em grau menor do que no caso dos sacramentos, aos sacramentais: "[…] toda celebração litúrgica, como obra de Cristo sacerdote e de seu corpo, que é a Igreja, é uma ação sagrada por excelência, cuja eficácia

---

[8]   Ibid., p. 90.

[9]   Um *modus* apresentado durante o Concílio, que não se incorporou ao texto porque foi proposto tarde demais, explica bem esse ponto: "Sed ut consecratio mundi a Verbo incarnato procedens et per Sacramenta in homines propagata latius in dies progrediatur atque fidelium vitam tam socialem quam individualem intimius penetret, Sancta Mater Ecclesia instituit sacra signa, quae dicuntur Sacramentalia" (*Schema, modus* 3, n. 26, p. 10).

nenhuma outra ação da Igreja iguala, sob o mesmo título e grau". Os sacramentais não são considerados sacramentos, mas são, não obstante, verdadeiras celebrações litúrgicas, um exercício do múnus sacerdotal de Jesus Cristo, uma ação de Cristo Sacerdote e da Igreja, que ele associa consigo. Portanto, eles são ações sagradas que superam em eficácia aquelas que não estão incluídas na categoria de liturgia.

Além disso, como "Cristo está sempre presente em sua Igreja, especialmente em suas celebrações litúrgicas", é evidente que ele também está presente quando os sacramentais são celebrados. Embora não sejam instituídos pessoalmente por Cristo, eles pertencem ao corpo do culto oficial atribuído a seu múnus sacerdotal. Com respeito a esse ponto doutrinal, a interpretação de Vagaggini é muito esclarecedora. Ele explica que os sacramentais são "a oração que a Igreja, ou, antes, Cristo, considera em todos os sentidos como sua própria, na qual, por assim dizer, ele se considera completamente comprometido diante de Deus". É por isso que, continua Vagaggini, na celebração dos sacramentais, "Cristo como Cabeça de seus membros assume responsabilidade diante de Deus, por assim dizer, pela realização da oração e do rito que ele, por mandato especial, deu poder à hierarquia para instituir e realizar em seu nome como Cabeça da Igreja".[10] Deveríamos acrescentar que, de qualquer forma, Cristo está presente na Palavra de Deus, que é proclamada quando os sacramentais são celebrados. De acordo com SC 7, Cristo "está presente em sua palavra, pois é ele quem fala quando na Igreja se lêem as Sagradas Escrituras".

É ensino aceito hoje que a presença de Cristo em toda celebração litúrgica é real, em contraposição a algo meramente subjetivo e imaginário. Em sua célebre encíclica *Mysterium fidei*, o papa Paulo VI esclareceu a questão quando escreveu que a presença eucarística "chama-se 'real', não por exclusão como se as outras não fossem 'reais', mas por excelência, porque é substancial, quer dizer, por ela está presente, de fato, Cristo com-

---

[10] VAGAGGINI, *Theological Dimensions of the Liturgy*, p. 116.

pleto, Deus e homem".[11] O teólogo-liturgista S. Marsili propõe o seguinte esclarecimento: "Entre a 'presença real' eucarística e as outras 'presenças reais' *não há diferença* quanto à 'presença' de Cristo e à 'realidade' de sua presença. A diferença está na *maneira* de essas várias 'presenças' se tornarem 'reais'".[12] No caso da Eucaristia, a maneira de sua presença é substancial, ou, nas palavras do papa Paulo VI, "Cristo completo, Deus e homem, está presente". No caso dos sacramentais, porém, a maneira da presença de Cristo, à parte de não ser de um tipo substancial, depende, de modo geral, do *opus operantis Ecclesiae*. É por isso que nossa percepção da presença real nos sacramentais, especialmente nas bênçãos menores, não é tão vívida como nos sacramentos.

A consideração teológica precedente pode ser resumida assim: os sacramentais são celebrações litúrgicas cujo tema são Cristo e a Igreja. Expresso em outras palavras, os sacramentais têm três dimensões principais: simbólica, cristológica e eclesiológica. A dimensão simbólica refere-se à capacidade do rito, que normalmente é composto de fórmulas, gestos e elementos materiais, de denotar os efeitos dos sacramentais. A dimensão cristológica aponta para a presença de Cristo e seu mistério pascal, que é a fonte de onde deriva o poder de santificação dos sacramentais. Por fim, a dimensão eclesiológica sublinha o papel intercessor da Igreja e o caráter comunitário da celebração.

O segundo ponto que necessita de um exame mais aprofundado é como os sacramentais estão relacionados aos sacramentos. Como apontou SC 60, um dos propósitos dos sacramentais é dispor os fiéis a receber o efeito principal dos sacramentos. A relação não pára aí. Como os outros sacramentos não operam independentemente dos sacramentos básicos do Batismo e da Eucaristia — de fato, todos os sacramentos, com exceção da Penitência, podem ser celebrados dentro da Missa —, assim nenhum sacramental é celebrado sem referência a um ou outro sacramento. Como

---

[11] Paulo VI, *Mysterium fidei*, n. 39.

[12] S. Marsili, La liturgia presenza di Cristo, *Anamnesis*, Monferrato, 1988, v. 1, p. 94 [Ed. bras.: VV.AA., *A liturgia, momento histórico da salvação*, São Paulo, 1986, p. 114].

teremos a oportunidade de destacar mais tarde neste capítulo, a profissão religiosa está estreitamente vinculada ao Batismo, o rito de exéquias alude tanto ao Batismo quanto à Eucaristia, e a dedicação de uma igreja e de um altar consiste essencialmente na celebração da Santa Eucaristia no prédio novo. Inclusive objetos sagrados como a água benta lembram os fiéis dos sacramentos. Assim, os sacramentais não somente preparam os fiéis para a celebração dos sacramentos, mas também gravam em sua memória os momentos de encontro com Cristo através dos sacramentos.

O terceiro ponto que necessita ser discutido com maiores detalhes é o papel que os sacramentais exercem na vida do fiel individual e da comunidade como um todo. De acordo com SC 61, juntamente com os sacramentos, os sacramentais são capazes de santificar "quase todos os acontecimentos" da vida humana. A comissão conciliar interpretou isso no sentido de incluir não somente o "estado de vida" como a virgindade, mas também os vários acontecimentos que ocorrem na vida das pessoas.[13]

Os sacramentais se relacionam com os diferentes ciclos da vida e das atividades humanas. Embora sua importância com respeito aos sacramentos seja secundária, eles ocupam uma parcela razoavelmente grande da existência normal do fiel. Permitem que Cristo e seu mistério pascal estejam realmente presentes nas circunstâncias comuns e cotidianas da vida. As inumeráveis bênçãos que acompanham as pessoas em sua vida pessoal, familiar e social e em seu trabalho e suas lutas diárias são uma prova notável da importância atribuída normalmente aos sacramentais. O *Ritual de bênçãos*, por exemplo, contém ritos para várias bênçãos, tais como de famílias, crianças, pessoas idosas, lar novo, biblioteca, escritório e lojas, ginásio, ferramentas, animais e campos.[14] Seu predecessor, o *Pontifical romano-germânico* do século X, tem uma gama bem mais ampla de bênçãos: uma bênção para praticamente qualquer coisa que as pessoas usam, incluindo sabonete e, lamentavelmente, instrumentos

---

[13] Cf. *Schema, modus* 3, n. 24, p. 10.

[14] Cf. *Ritual de bênçãos.*

de tortura, bem como para qualquer lugar onde as pessoas se reúnem ou trabalham.[15]

SC 61 fez a observação de que, por meio dos sacramentos e sacramentais, "todo uso honesto de coisas materiais pode ser dirigido à santificação do ser humano e ao louvor a Deus". De certo modo, alcança-se isso mais prontamente através dos sacramentais. Pois, enquanto os sacramentos usam exclusivamente elementos como água, pão, vinho e óleo, os sacramentais cobrem uma ampla área, como, por exemplo, casas, lojas, propriedades rurais, ferramentas, comida e objetos de devoção. Assim, os sacramentais não somente santificam quase todo acontecimento da vida dos fiéis, mas também dotam coisas materiais com significado e propósito divino: tudo pode ser dirigido para a santificação humana e o louvor de Deus.

Esses são, então, os princípios teológicos que deveriam servir como premissas para a inculturação dos sacramentais, ou seja, a natureza litúrgica dos sacramentais como ações de Cristo e da Igreja; seu propósito em relação aos sacramentos; e o lugar que ocupam nos vários pontos decisivos da vida humana, bem como nos eventos, tanto grandes quanto pequenos, que acontecem na vida dos indivíduos cristãos e de suas comunidades.

Os princípios culturais

Destacamos no primeiro capítulo desta obra que a inculturação é como acender uma vela simultaneamente em ambas as pontas. Uma ponta é o que as edições típicas e os documentos oficiais propõem. A outra ponta é o que a cultura é capaz de oferecer. A constituição sobre a liturgia está bem consciente de e, até certo ponto, cautelosa com o papel que a cultura desempenha na formação dos ritos dos sacramentos e sacramentais. SC 62 incorpora este sentimento: "[...] no decorrer dos tempos se introduziram certos costumes nas cerimônias dos sacramen-

---

[15] Cf. C. Vogel, *Le Pontifical romano-germanique du dixième siècle*, Cidade do Vaticano, 1963, v. 2, pp. 320-421. Daqui em diante citado como PRG.

tos e dos sacramentais que tornam hoje menos clara sua natureza e fim, devendo-se por isso fazer algumas adaptações às necessidades dos nossos tempos [...]".[16]

Embora o concílio tenha concentrado sua discussão nos sacramentos, os autores desse artigo certamente também pensavam nos sacramentais. Portanto, a observação sobre os traços culturais indesejáveis que se infiltraram na liturgia dos sacramentos tem relevância para a liturgia dos sacramentais. Basta lembrar a bênção medieval dos instrumentos de tortura. A sensibilidade cultural das pessoas no século X não desprezava o uso dos meios primitivos e chocantes de tortura para determinar a culpa ou inocência de pessoas acusadas, submetendo-as a provas dolorosas, como caminhar sobre uma grelha incandescente ou ser jogadas em um poço fundo. O *Pontifical romano-germânico* contém fórmulas que invocam a aprovação divina para o uso desses instrumentos e para a prática bizarra em si.[17]

Outros exemplos de interferência cultural são os ritos de exorcismo de alguns objetos e lugares com o intuito de afastar os maus espíritos ou demônios que supostamente habitavam neles. Os exorcismos desse tipo lançaram uma extensa sombra sobre o significado principal da bênção como ato de agradecimento a Deus por suas dádivas.[18] A crença popular em possessões demoníacas, que estava profundamente arraigada na cosmovisão da sociedade medieval, exercia uma influência importante sobre as fórmulas para a bênção de sal e água.[19] Às vezes, alguns sacramentais são vinculados com crenças e práticas questionáveis, se não completamente supersticiosas. Em alguns lugares, acredita-se que a água benta afugente o diabo e proteja as pessoas contra raios; a objetos de devoção como medalhas atribui-se poder curativo e apotropaico.

---

[16] Os antecedentes históricos e o sentido de SC 62 são expostos em A. CHUPUNGCO, *Liturgias do futuro: processos e métodos de inculturação*, São Paulo, 1992, pp. 106ss.

[17] Cf. PRG, v. 2, pp. 380-394. O *Pontifical* também contém uma bênção de armas para a guerra à p. 378.

[18] Cf. A. TRIACCA, L'esorcismo, *Anamnesis*, v. 7, pp. 169-191 [Ed. bras.: VV.AA., *Os sacramentais e as bênçãos*, São Paulo, 1993, pp. 198-226, Anamnesis v. 6].

[19] Cf. PRG, v. 2, pp. 152-154.

• • • 66 • • •

O aspecto que SC 62 queria realçar é que os sacramentais, devido à sua íntima conexão com a cultura e as tradições das pessoas, sofreram mudanças ao longo do tempo que nem sempre se mostram compatíveis com sua natureza e propósito. Como alguns sacramentais, mais do que muitos dos sacramentos, estão freqüentemente inseridos na vida cotidiana, eles tendem a ser mais vulneráveis à infiltração da cultura. Não estamos sugerindo que a cultura seja diretamente responsável por todo mal presente na instituição dos sacramentais. No entanto, não é possível encontrar um sacramental, especialmente uma bênção, que não tenha uma base cultural ou, pelo menos, alguma alusão cultural subjacente a ele.

A *Tradição apostólica* de Hipólito de Roma contém prescrições para a instituição de viúvas, leitores, virgens, subdiáconos e curadores, e para a celebração de várias bênçãos. A instituição de leitores e subdiáconos não é necessariamente cultural em sua origem, mas a de viúvas, virgens e curadores e o rito para a bênção de lâmpadas para a noite e frutas não deixam dúvidas quanto às suas raízes culturais.[20] O *Pontifical romano-germânico* apresenta fórmulas para a bênção de queijo no Sábado de Aleluia e de cordeiro, de carne de outros animais e de leite e mel no Domingo de Páscoa.[21] O ciclo pastoral e também a estação da primavera indubitavelmente inspiraram a bênção desses objetos nessa época do ano. O *Ritual de bênçãos* reteve os ritos para a bênção de animais, campos e rebanhos e para a oferenda da primeira colheita, levando obviamente em consideração o ciclo agrícola e pastoral.[22]

Depois de fazer a observação de que traços negativos da cultura que foram assimilados pelos sacramentais tornaram sua natureza e finalidade menos claras para as pessoas de hoje, SC 62 convoca para uma revisão urgente do rito dos sacramentais, levando em conta "as necessidades dos nossos tempos". A conclamação é fielmente ecoada por SC 79. Quando

---

[20] HIPPOLYTUS OF ROME, *Apostolic Tradition*, ed. por B. Botte, Münster, 1963, pp. 30-32, 60-80 [Ed. bras.: *Tradição apostólica de Hipólito de Roma*, Petrópolis, 1981].

[21] Cf. PRG, v. 2, pp. 115-116.

[22] Cf. *Ritual de bênçãos*, caps. 21, 22 e 23.

os sacramentais são revistos à luz do critério primordial da participação ativa, devem-se "ter em conta [...] também as necessidades do nosso tempo". A constituição sobre a liturgia não está nos dizendo que a liturgia deveria abster-se de outros contatos com a cultura para evitar a incidência de erros do passado. Há princípios e normas litúrgicas suficientes para salvaguardar a integridade do culto cristão. O que ela nos diz é que os ritos dos sacramentais necessitam ser atualizados de modo que os fiéis possam participar mais ativamente neles.

Longe de diminuir o papel incontestável da cultura, a constituição sobre a liturgia sugere que nosso sucesso em atualizar a liturgia dos sacramentais e promover a participação ativa dependerá de como envolvemos a cultura no processo. Atualizar significa adaptar à cultura atual, e promover a participação ativa significa, entre outras coisas, fomentar uma consciência aguçada das dimensões culturais presentes na celebração. Em resumo, a renovação da liturgia dos sacramentais não pode ser considerada à parte da cultura, e sua adaptação somente pode ser compreendida dentro do marco da inculturação.

Os princípios pastorais

O princípio prevalecente da reforma litúrgica e, portanto, da inculturação está incorporado na declaração de SC 14: "É desejo ardente da mãe Igreja que todos os fiéis cheguem àquela plena, consciente e ativa participação na celebração litúrgica que a própria natureza da liturgia exige [...]." Segue-se que "a essa plena e ativa participação de todo o povo cumpre dar especial atenção à reforma e incremento da sagrada liturgia". SC 79 deu forma concreta a esse princípio quando decretou que a liturgia dos sacramentais deveria ser revista "tendo-se em conta o princípio fundamental de uma participação consciente, ativa e fácil dos fiéis".[23]

A participação ativa é o princípio pastoral que permeia todo o programa da reforma conciliar. Ela subjaz a cada legislação conciliar

---

[23] G. SHIRILLA, *The Principle of Active Participation of the Faithful in "Sacrosanctum concilium"*, Rome, 1990.

sobre a revisão de ritos e textos litúrgicos. A liturgia da Missa, os outros sacramentos e sacramentais, o Ofício Divino, o ano litúrgico, bem como a música, as artes e os acessórios e utensílios, deveriam ser revisados ou reexaminados em vista da participação ativa. A disposição de SC 63 para o uso do vernáculo na celebração dos sacramentais é, na realidade, nada mais do que uma aplicação lógica do inovador § 2 de SC 36: "[...] não raramente o uso da língua vernácula pode ser muito útil para o povo", ou seja, para a participação ativa.[24] De forma semelhante, a disposição de SC 63b quanto à preparação de rituais específicos deveria ser lida no contexto do princípio da participação ativa: "[...] os rituais particulares [devem ser] adaptados às necessidades de cada uma das regiões, mesmo quanto à língua".

Além de enfatizar a participação ativa, SC 79 introduziu três novas legislações para satisfazer outras necessidades pastorais. Elas são a introdução de novos sacramentais, a redução no número de bênçãos reservadas e a permissão para pessoas leigas de administrarem alguns sacramentais. Quanto à primeira, SC 79 estabelece a seguinte disposição: "Nos rituais, a serem revistos conforme o número 63, podem ser acrescentados novos sacramentais, de acordo com as necessidades". Durante o debate conciliar, perguntou-se se esse texto dava aos bispos locais o poder de introduzir novos sacramentais para suas respectivas Igrejas. O texto proposto, que não tinha citado SC 63, parecia implicar que o poder estava reservado à Santa Sé. Lembramos que o cânone 1.145 do Código de 1917 havia decretado que somente a Sé Apostólica podia introduzir novos sacramentais e mudar ou abolir sacramentais existentes. Em resposta à consulta, a comissão conciliar acrescentou ao texto final a expressão "conforme o número 63" e esclareceu o assunto com esta nota explicativa: como SC 63 trata de rituais específicos pelos quais as conferências episcopais são responsáveis, caberia a elas instituir novos sacramentais à medida que isso fosse necessário.[25]

---

[24] Para uma exposição mais extensa de SC 36,2 e SC 63, veja A. CHUPUNGCO, The Translation, Adaptation, and Creation of Liturgical Texts, *Notitiae*, n. 208, pp. 695-707, 1983.

[25] Cf. *Schema, emendationes* 7, Cidade do Vaticano, 1963, 17, 24.

Há uma razão que apóia essa mudança de política. Os sacramentais estão, por natureza e propósito, estreitamente vinculados com a vida cotidiana dos fiéis. Às vezes, foram ocasionados por situações humanas concretas das quais também derivam sua relevância. Naturalmente é verdade que alguns sacramentais, como a dedicação de uma igreja e o rito de exéquias, têm valor universal ou transcultural. No entanto, um grande número de sacramentais, especialmente as bênçãos, estão profundamente arraigados nas tradições e na cultura de um povo específico. Uma rápida olhada para as bênçãos franco-germânicas medievais nos fará compreender que elas constituem uma descrição fiel e pitoresca de vida cultural, hábitos sociais, cosmovisão e preocupações do povo franco-germânico. Em contraposição a isso, os sacramentos, exceto a Penitência e a Unção dos Enfermos, produzem apenas um quadro pouco nítido de como essas pessoas viviam. Em resumo, como o propósito dos sacramentais é acompanhar os fiéis nessas áreas da vida diária com que os sacramentos não estão diretamente preocupados, é dever dos bispos locais identificar essas áreas e instituir os sacramentais adequados ou apropriados. É óbvio que estamos lidando aqui mais com a criatividade litúrgica do que com a inculturação.

A segunda inovação introduzida por SC 79 trata da limitação do número de bênçãos reservadas. A questão é claramente uma preocupação pastoral para algumas Igrejas locais. O texto de SC 79 diz: "As bênçãos reservadas sejam poucas, e só em favor dos bispos e Ordinários". A comissão conciliar observou que a reserva de certas bênçãos a ministros específicos fez com que ficasse incômodo para os fiéis obtê-las. Em dioceses grandes e em territórios de missão, os bispos muitas vezes estão limitados em sua movimentação. Por essa razão, SC 79 pediu redução no número de bênçãos reservadas, e isso em favor dos bispos locais. Por sua parte, a comissão conciliar expressou a opinião de que as bênçãos a serem reservadas aos bispos deveriam ser aquelas que atingem diretamente a vida da diocese toda.

Uma questão afim suscitada durante o concílio foi se as reservas deveriam ser em favor dos bispos apenas ou se deveriam ser estendidas a outros Ordinários, como os principais superiores religiosos. Chegou a 121 o número de padres conciliares que optaram por limitar as reservas aos bispos, mas a votação final favoreceu a inclusão de outros Ordinários. A comissão conciliar interpretou a votação no sentido de que os "Ordinários dos religiosos continuarão a manter as faculdades de que desfrutam sob a lei atual para seus subordinados e em lugares relativos à jurisdição de sua ordem religiosa".[26]

A terceira inovação introduzida por SC 79 pode ser considerada, pelo menos durante o concílio, como uma das mudanças mais significativas na liturgia em favor de ministros leigos. A pedido de dois padres conciliares, a comissão conciliar formulou o seguinte parágrafo: "Disponha-se que alguns sacramentais, pelo menos em circunstâncias especiais e a juízo do Ordinário, possam ser administrados por pessoas leigas qualificadas". Depois de essa emenda ter recebido voto favorável, 153 padres submeteram um *modus* pedindo, não obstante, sua supressão. Outros *modi* queriam que as várias circunstâncias fossem enumeradas e o tipo de pessoas leigas, como irmãos leigos religiosos e pais, fosse especificado. O projeto de lei da participação leiga na Igreja não passou pelo concílio sem enfrentar resistência.

A todas as objeções a comissão conciliar deu duas respostas. Primeiro, "no texto, admite-se o princípio de que, pela natureza dos sacramentais, eles não estão reservados a clérigos, e que a Igreja pode incumbir uma pessoa leiga de dar uma bênção em nome da Igreja". Para apoiar essa concepção, a comissão apresentou o exemplo da permissão dada a leitores, que são de fato pessoas leigas, para abençoar pão e frutas. "Portanto", de acordo com a comissão conciliar, "não se faz necessário poder sacerdotal para toda bênção". Segundo, "como o escopo da constituição sobre a liturgia é enunciar princípios básicos, questões específicas relativas aos sacramentais e às circunstâncias e condições de sua administração devem

---

[26] Ibid., *modus* 3, nn. 8-10, p. 7.

ser relegadas à decisão da comissão pós-conciliar". Quanto ao pedido de estabelecer precauções para minimizar o abuso, a comissão observou que praticamente toda palavra ou expressão contida nesse parágrafo é em si uma precaução: "alguns sacramentais", "em circunstâncias especiais", "a juízo do Ordinário", "possam ser administrados" e "pessoas leigas qualificadas".[27]

Portanto, a constituição não só estabeleceu o direito e o dever dos fiéis de participarem ativamente em celebrações litúrgicas, mas também deu a pessoas leigas o poder de administrarem alguns sacramentais. De fato, não é exagero dizer que o ministério litúrgico leigo já está implícito no princípio da participação ativa. Ordena-se que as pessoas leigas não somente respondam a orações, cantem e interiorizem o sentido da celebração litúrgica, mas também sirvam a comunidade como ministros litúrgicos. Na época do concílio, isso era considerado uma concessão excepcional a pessoas leigas. Hoje em dia, com a instituição de ministros especiais da comunhão e da celebração dominical na ausência de um presbítero, o debate relativo ao ministério litúrgico das pessoas leigas, que foi bastante acalorado durante o concílio, perdeu muito de seu ímpeto.

Olhando retrospectivamente para a discussão do concílio, percebemos uma mudança na orientação pastoral da Igreja. O concílio estava se submetendo lentamente ao inevitável: a Igreja tinha de abandonar a tradição de uma liturgia clerical exclusiva. Sob a declaração da comissão conciliar de que "não se faz necessário poder sacerdotal para toda bênção", lemos uma mensagem urgente. O declínio mundial das vocações sacerdotais tem um efeito prejudicial sobre a eficácia do ministério espiritual da Igreja. O concílio tornou-se claramente consciente da necessidade de engajar as pessoas leigas no ministério litúrgico ativo. A administração de, pelo menos, alguns dos sacramentais era algo que a Igreja certamente não podia mais negar a líderes leigos qualificados.

---

[27] Ibid., 19.

Inferimos do documento conciliar os seguintes princípios pastorais para orientar o trabalho de revisar a liturgia dos sacramentais e adaptá-los às condições de nossa época: a participação ativa dos fiéis, a instituição de novos sacramentais quando a necessidade deles se torna patente, menos restrições quanto ao ministro autorizado a administrar os sacramentais e maior envolvimento de pessoas leigas no ministério litúrgico.

As normas conciliares específicas de inculturação

A constituição sobre a liturgia selecionou para sua consideração três sacramentais: a consagração das virgens, a profissão religiosa e o rito de exéquias. Quanto ao primeiro, que atualmente é celebrado com extrema raridade, tudo que o concílio tem a dizer está contido nesta fórmula-padrão: "Reveja-se o rito da consagração das virgens, que está incluído no Pontifical Romano". A profissão religiosa (SC 80) e o rito de exéquias (SC 81-82), porém, receberam atenção considerável dos autores da constituição e dos próprios padres conciliares.

O rito da profissão religiosa

A comissão preparatória encarregada da profissão religiosa fez algumas observações bastante incisivas sobre os ritos comumente usados na época por comunidades religiosas, especialmente de mulheres. Ela relatou que existia uma variedade de rituais específicos para a investidura e profissão de candidatos à vida religiosa. Deplorou o fato de que algumas comunidades simplesmente adotavam o rito para a consagração das virgens, enquanto outras, negligenciando completamente o sentido litúrgico da celebração, usavam ritos baseados unicamente em práticas devocionais. Portanto, um bom número de bispos e prelados insistiu para o concílio "introduzir certa ordem nessas cerimônias e estabelecer normas para salvaguardar sua dignidade e unidade". Para resolver a confusão causada pela existência de um senso ilimitado de singularidade em vários institutos religiosos, a comissão sugeriu que se redigisse um rito comum para a profissão religiosa, permitindo a cada um dos institutos religiosos que o adaptasse a seu carisma e caráter específico.[28] Dessa forma, a unidade essencial no rito da profissão religiosa poderia ser alcançada sem comprometer o caráter individual de cada família religiosa.

Para enfatizar a natureza da profissão religiosa como ato de consagração a Deus, a comissão preparatória também sugeriu que ela fosse celebrada na Missa, "como a consagração das virgens e praticamente todos os outros ritos para a consagração de pessoas".[29] A constituição sobre a liturgia realmente contém uma disposição semelhante para o rito da confirmação (SC 71) e o rito do matrimônio (SC 78). A razão para integrar esses ritos com a Missa varia de rito para rito. A Confirmação, que inclui a renovação dos votos batismais, é conferida na Missa para evocar o plano tradicional da iniciação cristã. O Matrimônio normalmente é celebrado na Missa para mostrar a relação da aliança entre marido e mulher com a oferenda sacrifical de Cristo na cruz.[30] No caso da profissão religiosa, sua integração com a Missa parece visar o destaque a seu caráter consecratório.

O texto final de SC 80 incorpora as sugestões da comissão preparatória. Reza ele:

> Prepare-se, além disso, um rito de profissão religiosa e de renovação dos votos que contribua para maior unidade, sobriedade e dignidade, a ser observado por aqueles que fazem a profissão ou renovação de votos na Missa, salvo o caso de direito particular. É louvável que se faça a profissão religiosa na Missa.

---

[28] Cf. ibid., *emendationes* 7, Apêndice: *declarationes*, p. 29.

[29] Ibid., 25.

[30] O pano de fundo do *intra missam* constante em SC 71 e 78 é exposto em CHUPUNGCO, *Liturgias do futuro*, pp. 117-118, 127-129.

De passagem, pode-se salientar que a expressão "salvo o caso de direito particular" não é clara. Quando alguns padres conciliares, que presumivelmente pertenciam a ordens religiosas, pediram que ela fosse interpretada oficialmente no sentido de "sem prejuízo para ritos específicos", a comissão respondeu que essa era uma questão para a comissão pós-conciliar decidir. O que parece subjazer a esse *modus* era a ansiedade pelo possível destino dos ritos específicos de profissão depois que a edição típica tivesse sido publicada. O mesmo sentimento está presente em um outro *modus*, que pede que "o plano do rito deveria ser redigido para preservar a unidade, mas deveria haver liberdade em aplicações individuais".[31] Esses detalhes contêm uma mensagem especial. Eles nos dizem que, embora a unidade nos aspectos essenciais seja o objetivo último que deveríamos diligentemente perseguir, um certo grau de diversidade na maneira como as comunidades locais vivenciam os aspectos essenciais é, em si mesmo, um traço essencial da unidade.

À luz da discussão conciliar, obtemos uma percepção mais clara sobre o significado atribuído por SC 80 à revisão do rito da profissão religiosa. Sua insistência na necessidade de maior unidade no rito foi uma resposta oportuna a uma situação pré-conciliar de desordem e falta de orientação litúrgica entre vários ritos de profissão. No entanto, diversos padres conciliares acharam que a unidade não deveria tornar-se prejudicial para tradições há muito existentes e louváveis, características de cada ordem e congregação religiosa. Inclusive no rito da profissão religiosa deveria haver espaço suficiente para diversidade e adaptações. Isso se torna cada vez mais relevante hoje em dia, pois os institutos religiosos estão voltando para os carismas originais de seus fundadores e, portanto, para suas tradições específicas. Além disso, a fenomenal expansão de institutos religiosos fora de seu lugar de origem, especialmente em países situados fora do Hemisfério Ocidental, tornou seus membros sensíveis e atentos para as diferenças culturais existentes entre eles.

---

[31] *Schema, modus* 3, p. 20.

O rito de exéquias

A comissão preparatória dedicou atenção considerável à revisão do rito de exéquias. Apresentou suas recomendações, só depois de uma avaliação criteriosa do rito usado antes da reforma conciliar. Entre outras coisas, sublinhou os seguintes pontos. Primeiro, "o conceito de morte que se depreende das fórmulas não expressa a doutrina da esperança sustentada pela Igreja a respeito da morte cristã". Segundo, "alguns elementos, particularmente os responsos e as leituras, são demasiadamente terríveis e aflitivos". E terceiro, "os fiéis presentes durante o rito não são mencionados na oração da Igreja".[32] Precisamos apenas lembrar a solene e dramática seqüência *Dies irae* ou a agoniada exclamação *Libera me, Domine*, ambas com o firme propósito de semear terror e desespero no coração de cada fiel, para entender a crítica da comissão preparatória. A atenção exclusiva dada pelas fórmulas do *Missal Tridentino* à alma dos mortos também fez a Igreja se esquecer de rezar pelos enlutados. Para fazer justiça a esse *Missal*, porém, deveríamos admitir que ele contém algumas antífonas magníficas e espiritualmente edificantes, como *In paradisum* e *Ego sum resurrectio*. Ele inclui também o senso de piedade filial nas fórmulas para os pais falecidos do sacerdote, que ora pedindo para ser reunido com eles no céu.[33]

Para corrigir os defeitos do rito de exéquias corrente, a comissão preparatória propôs os seguintes pontos. Primeiro, "os ritos de exéquias deveriam ter mais textos que falem do sentido pascal da morte cristã". Segundo, deveria haver "maior variedade de fórmulas da Missa, especialmente das leituras, para incrementar a fé". Terceiro, "a participação ativa dos fiéis deveria ser fomentada através de meios adequados". E quarto, "os costumes fúnebres existentes entre os vários povos, especialmente nas áreas de missão, deveriam ser respeitados e introduzidos no rito cristão, contanto que não sejam supersticiosos".[34]

---

[32] Ibid., *emendationes* 7, Apêndice: *declarationes*, p. 29.

[33] *Missale Romanum*, Tournai, 1961, 116-140.

[34] *Schema, emendationes* 7, Apêndice: *declarationes*, p. 29.

SC 81 incorpora todas essas recomendações. O texto diz: "As exéquias devem exprimir melhor o caráter pascal da morte cristã. Adapte-se mais o rito às condições e tradições das várias regiões, mesmo no que respeita à cor litúrgica". A disposição sobre a cor foi tardiamente acrescentada a pedido de alguns padres conciliares. Embora o texto original deixasse isso suficientemente implícito, eles consideraram oportuno mencionar explicitamente a possibilidade de adotar as cores fúnebres do respectivo lugar. A questão a respeito de que cor usar pode parecer hoje de importância secundária, porém, na época do concílio, o abandono do esquema tradicional das cores litúrgicas foi considerado um progresso. O esquema das cores é um ingrediente cultural importante, mas o concílio não queria concentrar toda a sua atenção nele. Não deveríamos esquecer que os ritos fúnebres nativos têm outros elementos, mais significativos, como o plano da celebração e os vários gestos e símbolos rituais que acompanham o rito.

A disposição da constituição sobre a liturgia para a revisão do rito de exéquias se aplica à preparação de rituais específicos baseados na edição típica. A disposição é formulada em dois artigos. Primeiro, o rito de exéquias deveria expressar o caráter pascal da morte cristã, e segundo, deveria ser adaptado às tradições fúnebres de várias regiões. Podemos dizer que os dois são inseparáveis; eles controlam e equilibram um ao outro. Com esses artigos, a constituição estabelece efetivamente o princípio de que a assimilação de costumes fúnebres locais não deve prevalecer sobre a dimensão pascal do rito cristão, seu senso de esperança na ressurreição e de confiança no amor e misericórdia do Criador. É possível que, em uma série de sociedades secularizadas de hoje, a morte tenha perdido seu significado religioso, e os ritos para os mortos nem façam sequer alusão às outras dimensões da vida humana. Mas a constituição deixa igualmente claro que a dimensão pascal da morte não deve cancelar as expressões locais de dor e luto. Não se deve permitir que a liturgia se torne insensível às manifestações de emoções humanas.

A inculturação de acordo com as edições típicas

Lembramos que, no primeiro capítulo desta obra, designamos as edições típicas como um dos pontos de partida no processo de inculturação. O outro é o conjunto de padrões culturais das pessoas. O processo de inculturação significa que esses dois pontos se encontram para produzir um rito litúrgico inculturado. Nesta seção de nosso estudo, concentramos nossa atenção em uma série de edições típicas dos sacramentais visando formular alguns princípios litúrgicos básicos de inculturação. A propósito, o livro póstumo de A. Bugnini *The Reform of the Liturgy, 1948-1975* [A reforma da liturgia], oferece uma excelente descrição do pano de fundo do trabalho do *Consilium* encarregado da revisão dos sacramentais. Seu relato cobre as áreas: ministérios, profissão religiosa, rito de exéquias, consagração das virgens, dedicação de uma igreja e um altar e bênção de óleos.[35]

A introdução à edição típica de cada um dos sacramentais, especialmente quando ela contém uma seção sobre adaptação, merece consideração especial. Em geral, os sacramentais diferem um do outro em termos de natureza, propósito e estrutura litúrgica. Por exemplo, dificilmente há qualquer semelhança perceptível entre a dedicação de uma igreja e o rito de exéquias. E, embora os vários ritos de bênçãos sigam o mesmo modelo, muitas vezes eles não estão relacionados no tocante a escopo e propósito. Mas não é impossível tirar dos diferentes ritos alguns princípios gerais de inculturação que sejam aplicáveis a cada sacramental. À parte disso, cada edição típica contém normas e sugestões específicas de como o rito pode ser adaptado ou inculturado. Não está na alçada deste capítulo expor em detalhes como todo e cada sacramental, especialmente as bênçãos, pode ser inculturado. Seria cansativo e desagradável demais fazê-lo. Porém, ao longo da exposição, faremos freqüentemente referência

---

[35] Cf. A. BUGNINI, *The Reform of the Liturgy, 1948-1975*, Collegeville, 1990, pp. 727-802.

• • • 78 • • •

a alguns exemplos típicos de sacramentais para propor uma apresentação e aplicação concreta.

Dentre os princípios gerais enunciados nas edições típicas, sobressaem os seguintes, por seu escopo e aplicação: os elementos essenciais que constituem o rito, a importância da Palavra de Deus, a participação ativa e a influência da cultura.

Os elementos constitutivos do rito

A inculturação, que não é a mesma coisa que criatividade no sentido estrito da palavra, é uma maneira segura de conservar e perpetuar a tradição litúrgica. Lembramos que a inculturação é um tipo de tradução dinâmica, permitindo que a mensagem original seja transmitida de acordo com o padrão cultural das pessoas. Inculturação significa reter a sã tradição da liturgia e manter o caminho aberto para o progresso legítimo. Com esse propósito, SC 23 previne: "[...] faça-se uma acurada investigação teológica, histórica e pastoral acerca de cada uma das partes da liturgia que devem ser revistas". A investigação acurada implica o trabalho tedioso de identificar os elementos essenciais de um rito litúrgico.

Ninguém afirmará que é absolutamente necessário preservar cada sacramental instituído pela Igreja. De fato, alguns sacramentais vêm e vão, dependendo da sua utilidade para a Igreja local e da cultura do povo no qual são enxertados. O exorcismo apotropaico, por exemplo, era um sacramental familiar na vida da Igreja medieval por causa da cosmovisão predominante que havia. Hoje é celebrado com extrema raridade e reserva. Estamos, porém, lidando com o trabalho de inculturação, que exige que os elementos essenciais dos sacramentais sejam preservados; caso contrário, seu significado original seria mudado ou simplesmente se perderia. A mudança ou perda do significado e propósito dos sacramentais não se encaixa exatamente no conceito de inculturação; nesse caso, seria mais apropriado falar de criatividade.

Um exemplo que pode ilustrar o aspecto relativo à necessidade de identificar os componentes essenciais de um rito é a dedicação de uma igreja. Sua celebração é pródiga em cerimônias que são ricas em termos de evocação simbólica. Os seguintes elementos rituais dão à celebração uma sensação de grandeza, solenidade e drama: a cerimônia de entrega da igreja ao bispo por parte das pessoas que estiveram envolvidas em sua construção; a aspersão das pessoas, das paredes da igreja e do altar; a deposição das relíquias dos santos; e os tradicionais ritos de ungir o altar e as paredes da igreja, queimar o incenso sobre o altar, incensar a nave e cobrir e iluminar o altar.[36]

Os ritos precedentes, cujo simbolismo a edição típica explica escrupulosamente, não constituem a essência do rito da dedicação. Nem mesmo os ritos de ungir, incensar e cobrir e iluminar o altar são elementos constitutivos, embora a tradição litúrgica lhes tenha atribuído significado e força especial. É por isso que esses ritos tradicionais podem ser omitidos caso razões de peso representem um impedimento. Mas o que se deve lembrar no caso da inculturação não é a possibilidade de omitir, mas de traduzir a tradição para a cultura viva das pessoas. Como os elementos do rito de dedicação têm suportes culturais, eles podem ser traduzidos, mediante o método de equivalência dinâmica, para outros padrões culturais. O que a edição típica sugere quanto à questão é digno de nota: "As Conferências Episcopais, se julgarem oportuno, podem adaptar este rito aos usos de cada região, contanto que ele nada perca de sua dignidade e solenidade".[37]

Qual é o elemento essencial da dedicação de uma igreja? A edição típica responde essa pergunta com absoluta convicção. Embora a tradição da Igreja tanto no Oriente quanto no Ocidente prescreva uma oração especial de dedicação, "a celebração da Eucaristia é o rito principal e o indispensável para a dedicação da igreja".[38] Não há outro sacramental

---

[36] Cf. *Ritual da dedicação de igreja e de altar*, Cidade do Vaticano, 1977; L. CHENGALIKAVIL, *The Mystery of Christ and the Church in the Dedication of a Church*, Rome, 1984.

[37] *Ritual da dedicação de igreja e de altar*, n. 18, p. 24.

[38] Ibid., n. 15, p. 23.

que reivindique a Eucaristia como seu elemento constitutivo. A edição típica explica esse traço bastante incomum, dizendo que "a celebração do sacrifício eucarístico cumpre a finalidade para a qual a igreja foi construída e o altar, erguido". Além disso, "a Eucaristia, que santifica aqueles que a recebem, também de certo modo consagra o altar e o lugar da celebração".[39] Por essa razão, "nunca se omita a celebração da Missa, com o prefácio próprio e a prece de dedicação".[40]

A edição típica, portanto, sustenta o conceito original da igreja como um prédio destinado primordialmente à celebração eucarística, não importando se ela é usada também para outras finalidades ou como a cultura influenciou sua forma arquitetônica ao longo do tempo. A celebração da Missa é o elemento principal do rito, que declara que a igreja e seus utensílios sagrados são efetivamente dedicados, ou seja, separados para o fim para o qual o prédio foi erigido, ou seja, a celebração da Eucaristia. Assim, qualquer proposta de inculturação do rito da dedicação tem de incluir sempre a celebração da Missa. O que a inculturação significa de fato é fazer com que os ritos e textos da Missa, bem como os ritos explanatórios, falem ao povo em uma linguagem e em símbolos que expressem sua maneira de consagrar, separar e dedicar algo de valor para Deus.[41]

Outro exemplo é o rito da profissão religiosa.[42] O resultado do estudo feito por M. Augé sobre a edição típica mostra que,

> embora o novo rito para a profissão religiosa tenha se inspirado intencionalmente nos antigos rituais monásticos para "codificar", por assim dizer, nos novos rituais de famílias religiosas a tradição autêntica quanto ao conteúdo e à estrutura, ele não obstante se apresenta como um modelo ritual.

---

[39] Ibid., n. 17, p. 24.

[40] Ibid., n. 18, p. 24.

[41] O pano de fundo do processo e método de inculturação da liturgia da Missa é exposto em CHUPUNGCO, *Liturgias do futuro*, pp. 60-77.

[42] Cf. *Rito da profissão religiosa*, Cidade do Vaticano, 1975; A. NOCENT, Monastic Rites and Religious Profession, in: *The Church at Prayer*, Collegeville, 1988, v. 3, pp. 285-309; M. AUGÉ, La professione monastica e religiosa, *Anamnesis*, v. 7, pp. 47-63 [Ed. bras.: *Os sacramentais e as bênçãos*, São Paulo, 1993, pp. 51-75].

Augé considera os seguintes elementos como parte da tradição litúrgica, razão pela qual não deveriam ser facilmente descartados no processo de inculturação: a celebração da profissão antes do ofertório da Missa, a deposição da fórmula da profissão sobre o altar e a enunciação da fórmula de profissão sugerida.[43]

A edição típica incentiva as famílias religiosas a "adaptar o rito de modo que reflita e manifeste mais claramente o caráter e espírito de cada instituto".[44] O texto não aborda explicitamente a inculturação. Mas não seria forçar demais nossa imaginação se incluíssemos a palavra "cultura" na expressão "caráter e espírito de cada instituto". Sabemos com certeza que fatores culturais afetaram profundamente a história dos institutos religiosos. Hoje em dia eles continuam a influenciar seu caráter e espírito por causa da diversidade cultural existente entre seus membros. Assim, o trabalho de adaptação do rito da profissão para que possa manifestar claramente o "caráter e espírito" de um instituto específico é inconcebível sem a inculturação.

Um rito inculturado de profissão religiosa não somente em diferentes institutos mas também nas diferentes casas do mesmo instituto em várias partes do mundo será caracterizado pelos símbolos tradicionais usados na respectiva localidade para expressar a consagração a Deus. Não é mais possível ou conveniente produzir um rito uniforme de profissão para uso internacional. A história do rito nos informa que uma série de elementos culturais entrou na formação do rito da profissão religiosa levando em consideração os diferentes *backgrounds* culturais das pessoas que ingressaram na vida religiosa. Augé menciona entre eles a *stipulatio* do direito romano e a *immixtio manuum* do sistema feudal.[45] A conclusão é que o rito da profissão religiosa, como todos os outros ritos litúrgicos, está sempre acostumado às "incursões" da cultura, pois o caráter e espírito

---

[43] Cf. Augé, La professione monastica e religiosa, p. 63.

[44] *Rito da profissão religiosa*, n. 14.

[45] Cf. Augé, La professione monastica e religiosa, pp. 51-52.

de um instituto religioso são efetivamente influenciados pelas realidades culturais.

À parte das considerações culturais precedentes, há normas pertinentes à natureza do rito para as quais a edição típica dirige nossa atenção. A primeira delas é a clara distinção entre os três estágios principais da vida religiosa, ou seja, o noviciado, a primeira profissão e a profissão final. A edição típica explica que, "como todos esses ritos têm seu próprio caráter especial, cada um exige uma celebração própria. A celebração de diversos ritos no mesmo ato litúrgico deve ser absolutamente excluída".[46] A segunda norma fala da necessidade de manter limitado e simples o caráter do ingresso no noviciado para evitar qualquer pressão moral sobre o noviço. Isso deveria acontecer fora da Missa. A terceira norma pretende salvaguardar a distinção litúrgica entre profissão perpétua e temporária ou renovação dos votos: "Aquilo que é próprio de um rito não deverá ser inserido em um outro".[47]

A exigência de distinguir liturgicamente os três diferentes ritos se baseia numa importante consideração teológica. A vida religiosa é um processo gradual pelo qual homens e mulheres se dedicam a Deus e à Igreja de acordo com o espírito dos conselhos evangélicos. Trata-se de um processo que, de certa forma, imita os passos da iniciação cristã desde o tempo do catecumenato até a celebração dos sacramentos de iniciação. Há, de qualquer maneira, uma relação estreita entre a profissão religiosa e o sacramento do Batismo. Nas palavras de LG 44: "Pelo Batismo, o religioso já morreu para o pecado e ficou consagrado a Deus; mas, para conseguir fruto mais abundante da graça batismal, procura [a] profissão dos conselhos evangélicos na Igreja [...]".

Vista sob essa luz, a profissão religiosa manifesta a natureza dos sacramentais no sentido de guardarem certa semelhança com o Batismo e disporem homens e mulheres a receber seu principal efeito. Não nos deveríamos surpreender com o fato de a profissão religiosa ter sido chama-

---

[46] *Rito da profissão religiosa*, n. 8.

[47] Ibid., nn. 4 e 14.

da de "segundo Batismo". Alguns rituais monásticos em circulação antes da reforma conciliar dramatizam esse conceito de uma segunda morte e ressurreição. Orientam o recém-professo a deitar prostrado, coberto com tecido preto e circundado por quatro velas, enquanto tocam os sinos da igreja. Antes da comunhão, o diácono entoa o versículo de Efésios 5,14, que diz: "Desperta, ó tu que dormes, levanta-te de entre os mortos, e Cristo te iluminará". Durante os oito dias seguintes, o recém-professo usava o capuz monástico em óbvia imitação dos neófitos, que no período patrístico usavam a veste batismal durante oito dias até o *Dominica in albis (deponendis)*.

O terceiro exemplo para ilustrar a necessidade de determinar o que é essencial para cada sacramental pode ser tirado dos ritos de bênções. O *Ritual de bênçãos* é notavelmente claro a respeito desse ponto:

> Na adaptação das celebrações, dever-se-ia fazer uma distinção cuidadosa entre questões de menor importância e os elementos principais das celebrações aqui propostas, a saber, a proclamação da Palavra de Deus e a oração de bênção da Igreja. Eles jamais deverão ser omitidos, mesmo que a forma abreviada do rito seja usada.[48]

A proclamação da Palavra de Deus e a oração da Igreja constituem a essência de uma bênção. Muitos consideram pessoas, lugares e coisas devidamente abençoados se o ministro faz o sinal-da-cruz sobre eles, mesmo sem dizer uma só palavra, e os asperge com água benta. A edição típica nos diz que esses sinais exteriores não são essenciais para o rito da bênção. Contudo, eles lembram os atos salvíficos de Deus, expressam a relação dos sacramentais com os sacramentos e dispõem os fiéis a participar ativamente na celebração do rito. A edição típica enumera os tradicionais sinais exteriores que acompanham o rito da bênção: estender as mãos ou levantá-las ou juntá-las, impor as mãos, fazer o sinal-da-cruz, aspergir com

---

[48] *Ritual de bênçãos*, n. 23. O pano de fundo dos ritos de bênção está exposto em P. JOUNEL, Blessings, in: *The Church at Prayer*, v. 3, pp. 263-284; A. TRIACCA, Le benedizioni "invocative" in genere e su "persone", *Anamnesis*, v. 7, pp. 113-152; id., Le benedizioni "invocative" su "realtà cosmiche", ibid., pp. 153-166 [Ed. bras.: *Os sacramentais e as bênçãos*, São Paulo, 1993, pp. 128-197, Anamnesis 6].

água benta e incensar.[49] Quase não há necessidade de enfatizar que esses sinais são símbolos culturais que podem ser dinamicamente traduzidos para símbolos locais correspondentes a fim de aumentar a significação dos vários ritos de bênçãos e fomentar a participação viva.

Em relação a isso, seria útil lembrar que algumas sociedades banem certos símbolos por motivos de moralidade e observância de bons modos. Típico disso é a imposição das mãos sobre a cabeça de uma pessoa. Em lugares onde ela é considerada um tabu social, um equivalente dinâmico apropriado terá de substituí-la. Inversamente, em alguns lugares onde existe uma forte tradição católica seria necessário um esforço enorme para convencer as pessoas de que o uso de água benta, velas e incenso não é necessário. Algumas pessoas se afligem e outras se sentem fraudadas quando o sacerdote não asperge com água benta as pessoas, lugares e objetos que ele abençoa. Os ministros deveriam estar conscientes de que certos gestos, como o sinal-da-cruz e a imposição das mãos, e objetos, como água benta e velas, foram apropriados por alguns católicos para cerimônias supersticiosas. Esses sinais exteriores de bênção, especialmente o sinal-da-cruz, podem ser considerados, em si mesmos, formas de pregar o Evangelho e de expressar a fé. Porém, como tendem tão facilmente a ser empregados para propósitos supersticiosos, a edição típica ordena que, "para prevenir qualquer perigo de superstição, normalmente não se permite abençoar objetos e lugares meramente através de um sinal externo e sem a Palavra de Deus ou uma oração".[50]

A edição típica sublinha a importância das duas partes constitutivas dos ritos de bênçãos, ou seja, a Palavra de Deus e a oração de louvor e petição. De acordo com a edição típica, elas determinam a natureza e a finalidade da própria bênção. Ela declara que a celebração da Palavra de Deus "assegura que a bênção é um sinal verdadeiramente sagrado, que extrai seu sentido e sua eficácia da própria Palavra de Deus". Depois do concílio, a proclamação da Palavra de Deus finalmente se tornou parte

---

[49]   Cf. *Ritual de bênçãos*, nn. 25-26.

[50]   Ibid., n. 27.

integrante da liturgia dos sacramentos e sacramentais. Porém, no caso das bênçãos, ela também é um elemento constitutivo que as transforma em ações litúrgicas.

O outro elemento constitutivo, ou seja, a oração de bênção, consiste no louvor divino e pedido de ajuda através de Cristo no Espírito. A edição típica explica que o ponto central aqui "é a fórmula para a bênção, ou a oração da Igreja que é acompanhada por sinais exteriores especiais". A oração de bênção expressa o papel da Igreja na celebração dos sacramentais. Quando a edição típica define a oração de bênção como a oração da Igreja, invoca a doutrina do *ex opere operantis Ecclesiae*.[51]

Em conclusão, podemos resumir a exposição enfatizando a necessidade de determinar, antes de iniciarmos o trabalho de inculturação, quais elementos são constitutivos da natureza e propósito dos sacramentais e quais elementos são meramente acessórios ao rito. Os próprios elementos essenciais variam de um sacramental para outro, mas não é uma tarefa descomunal identificá-los, por causa do que a edição típica tem a dizer ou das informações que podemos reunir sobre sua origem e natureza. Ao dizer que certos elementos dos sacramentais são não-essenciais, não pretendemos expressar desinteresse por eles. Muitas vezes, eles desempenham papéis verdadeiramente fundamentais na inculturação da liturgia, pois têm estreita afinidade com a cultura e podem ser mais facilmente substituídos por elementos culturais equivalentes.

O lugar da Palavra de Deus

A introdução à segunda edição do *Elenco das leituras da Missa* inicia com um discurso teológico sobre o lugar da Palavra de Deus nas celebrações litúrgicas. Ela realça a afirmação de SC 7 de que, na liturgia, Cristo "está presente em sua Palavra, pois é ele quem fala quando na Igreja se lêem as Sagradas Escrituras". Na liturgia, a Palavra de Deus adquire vida e eficácia pelo poder do Espírito Santo. Ao mesmo tempo, ela serve como

---

[51] Cf. ibid., nn. 20-22.

fundamento da ação litúrgica. A introdução cita a seguinte passagem do número 4 do Decreto sobre o Ministério e a Vida dos Sacerdotes: "A proclamação da Palavra é necessária para o próprio ministério sacramental, visto que os sacramentos são sacramentos da fé, que se originam e nutrem da Palavra". A Palavra de Deus e os sacramentos são inseparáveis, especialmente na celebração da Eucaristia.[52] Uma das conclusões do Congresso de Estrasburgo, realizado em 1958, anuncia essa doutrina conciliar: "Não basta dizer que a Bíblia ocupa um lugar privilegiado na celebração litúrgica. Ela desempenha um papel tão fundamental que, sem a Bíblia, não haveria liturgia".[53]

A liturgia acertadamente reserva um lugar privilegiado para a Palavra de Deus na celebração da Eucaristia e dos outros sacramentos. Mas não deveríamos esquecer que Deus fala a seu povo e Cristo ainda proclama seu Evangelho também na celebração dos sacramentais. De fato, como os sacramentais carecem da eficácia *ex opere operato* dos sacramentos, que, rigorosamente falando, podem ser administrados sem a Liturgia da Palavra — e, infelizmente, isso acontece regularmente no rito para a reconciliação de penitentes individuais —, seu significado e eficácia derivam somente da Palavra de Deus pela intercessão da Igreja. É por isso que a celebração dos sacramentais, se realizada fora da Missa, normalmente inclui a proclamação da Palavra de Deus. No caso das bênçãos, a Palavra de Deus, como vimos anteriormente, é um elemento constitutivo da própria celebração litúrgica.

O lugar da Palavra de Deus na liturgia dos sacramentais recebe atenção especial da introdução ao *Ritual de exéquias*:

> Em todas as celebrações pelos mortos, tanto nas exequiais como nas outras, dá-se muita importância à Liturgia da Palavra de Deus. Essas leituras proclamam o mistério pascal, despertam a esperança de um novo encontro no Reino de Deus,

---

[52] Cf. *Elenco das leituras da Missa*, Cidade do Vaticano, 1981, nn. 1-10.

[53] *The Liturgy and the Word of God*, Collegeville, 1959, p. v.

ensinam-nos uma atitude cristã para com os mortos e nos exortam a dar, por toda parte, o testemunho de uma vida cristã.[54]

Sem chegar a definir a Palavra de Deus como o elemento constitutivo das exéquias cristãs, o texto resume os efeitos que fluem da proclamação da Palavra de Deus. A Palavra de Deus introduz na celebração pelos mortos um profundo significado cristão. Através da Palavra de Deus, o rito de exéquias expressa a fé da Igreja no poder da morte e ressurreição de Cristo, a esperança de vida eterna, a devoção para com os mortos e a obrigação de viver uma vida cristã genuína.

Portanto, a Palavra de Deus se torna, por assim dizer, uma proclamação da doutrina da Igreja sobre a morte cristã. No rito de exéquias, a Escritura não é somente proclamada, mas seu Livro dos Salmos também é rezado. Quanto a isso, a edição típica explica que, em seus ofícios em favor dos mortos, "a Igreja recorre constantemente à oração dos salmos como expressão de pesar e fonte segura de confiança". Distinguindo-se claramente das fórmulas de oração, que são basicamente uma profissão de fé e uma prece pelos mortos e enlutados, os salmos permitem que os fiéis vivenciem na liturgia aquelas emoções humanas muitas vezes negadas a eles pelas fórmulas eucológicas. Embora os outros sacramentais também usem os salmos, o rito de exéquias lhes atribui um papel especial na celebração por causa dos sentimentos de perda e esperança que conseguem transmitir.

Encontramos ênfase semelhante na Palavra de Deus no rito da profissão religiosa. A introdução à edição típica contém um lembrete oportuno sobre a função da Palavra de Deus: "A Liturgia da Palavra para o rito da profissão pode ser um auxílio importante para expressar o sentido da vida religiosa e suas responsabilidades".[55] Não há dúvida quanto ao conteúdo excepcionalmente rico das fórmulas de oração usadas no rito

---

[54] *Ritual de exéquias*, Cidade do Vaticano, 1969, n. 11; cf. R. RUTHERFORD, *The Death of a Christian*, New York, 1980, pp. 111-146; D. SICARD, Christian Death, in: *The Church at Prayer*, v. 3, pp. 221-240; e P. ROUILLARD, I riti dei funerali, *Anamnesis*, v. 7, pp. 195-227 [Ed. bras.: *Os sacramentais e as bênçãos*, pp. 227-269].

[55] *Rito da profissão religiosa*, n. 10.

da profissão. Elas articulam e comunicam uma teologia e espiritualidade que dão valor à vida consagrada. A bênção solene no rito da profissão perpétua, que une habilmente a catequese à oração e a vida religiosa à história da salvação, é um exemplo magnífico disso. Mas essas fórmulas não esgotam a teologia da vida religiosa. A edição típica lembra-nos de que também as leituras bíblicas podem ser um auxílio importante para compreender a natureza e propósito da vida religiosa. As fórmulas, por mais sublimes e ricas em conteúdo, não dizem tudo. A Palavra de Deus sempre tem algo mais a dizer.

É óbvio que se trabalhou muito na escolha das passagens bíblicas que a edição típica propõe para a celebração da profissão religiosa. Por essa razão, a edição típica faz uma exceção à regra permitindo uma leitura da lista especial de leituras para o rito da profissão quando a Missa ritual para o dia da profissão religiosa não for usada, embora a exceção não se aplique a grandes solenidades. As propostas de leitura do Antigo e do Novo Testamento foram cuidadosamente escolhidas para abordar os temas da vocação religiosa, do serviço, da vida comunitária e do discipulado cristão. Embora as fórmulas, incluindo os prefácios apropriados, também tratem desses temas, a Palavra de Deus tem uma maneira especial de articulá-los e transmitir a mensagem: é um sacramento que dá significado e eficácia aos sacramentais.

Examinamos demoradamente o lugar da Palavra de Deus na liturgia das bênçãos. Vimos que a proclamação da Palavra de Deus é uma parte integrante dos ritos das bênçãos e, por isso, não deveria ser omitida. É a Palavra de Deus que transforma as bênçãos em sacramentais, em autênticas liturgias em que Deus fala às pessoas. É por isso que os modelos oferecidos pelo *Ritual de bênçãos* sempre propõem leituras bíblicas que combinem com a natureza da bênção. Elas visam lançar luz sobre o significado de cada bênção e associá-la com um aspecto da história da salvação. Escolher ao acaso qualquer versículo da Bíblia não faz justiça ao papel específico que a Palavra de Deus exerce na celebração das bênçãos.

Para resumir a exposição, podemos dizer que, na liturgia dos sacramentais, a Palavra de Deus lança luz sobre a doutrina proposta pela Igreja; de alguma forma, a Palavra de Deus se torna também uma proclamação do que a Igreja crê, ao passo que, no Livro dos Salmos, a Palavra de Deus oferece à Igreja orações inspiradas para várias ocasiões; a Palavra de Deus se torna uma expressão do que a Igreja e seus membros vivenciam em momentos específicos da vida.

Como isso afeta a inculturação dos sacramentais? A edição típica pós-conciliar de vários sacramentais considerou seriamente quais leituras bíblicas e salmos ela proporia para cada celebração, em um esforço para transmitir através deles tanto a doutrina quanto sentimentos humanos. Portanto, no processo de inculturar os sacramentais, não somente os textos de oração mas também as leituras bíblicas e salmos propostos deveriam ser examinados para determinar que doutrina e sentimentos humanos emergem do rito litúrgico. Afinal, as fórmulas de oração não dizem tudo, e a inculturação nem deveria sequer ser iniciada se houvesse apenas informações limitadas sobre a natureza e finalidade de cada sacramental. Porém, à parte dessa consideração, o trabalho de inculturação deveria dar um lugar efetivamente proeminente à Palavra de Deus na liturgia dos sacramentais. Pois, em última análise, é a Palavra de Deus que confere uma dimensão cristã aos elementos assimilados da cultura e das tradições pela liturgia. Onde, por exemplo, a proclamação da Palavra deveria ser inserida no plano da celebração? Que técnicas de leitura e audição e que símbolos e gestos rituais estão disponíveis para intensificar o papel singular da Palavra de Deus na celebração dos sacramentais?

A participação ativa

O terceiro princípio que determina a inculturação é a participação ativa. SC 79 instrui que "os sacramentais sejam revistos tendo-se em conta o princípio fundamental de uma participação consciente, ativa e fácil dos fiéis [...]". Os livros pós-conciliares para a celebração dos sacramentais observam essa norma conciliar com bastante rigor. O *Ritual de bênçãos* chama explicitamente a atenção para o princípio da participação ativa como uma das principais considerações para o planejamento de uma bênção.[56]

A participação ativa, contudo, requer a presença de uma assembléia. A edição típica do *Ritual de bênçãos* retorna repetidamente a essa exigência ao sublinhar a importância da celebração comunitária. Seguem-se alguns dos pontos levantados pela edição típica. Primeiro, a celebração comunitária é, em alguns casos, obrigatória, mas em todo caso realizar celebrações comunitárias está mais de acordo com o caráter das ações litúrgicas. Segundo, a comunidade diocesana ou paroquial deveria se reunir, sob a presidência do bispo ou pastor, para as bênçãos mais importantes que concernem à diocese ou à paróquia. Terceiro, a bênção de coisas ou lugares não deveria acontecer sem a participação de, pelo menos, alguns dos fiéis. Para o *Ritual de bênçãos*, a participação ativa significa a presença de uma comunidade reunida, mesmo que pequena em número. A insistência na presença e na celebração comunitária parece se basear no caráter representacional da liturgia. Mesmo quando não há assembléia de fiéis, a pessoa para quem a bênção é celebrada e o ministro deveriam lembrar que "eles representam a Igreja na celebração".[57]

O princípio da participação ativa pode ser realizado mais facilmente na celebração dos sacramentais, porque sua liturgia oferece mais espaço para variações quanto ao plano do ritual e ao papel do ministro e da assembléia. Este último aspecto precisa ser aprofundado. A natureza hierárquica da liturgia — e isso inclui os sacramentais — exige uma clara distinção de papéis na celebração. As funções presidenciais ou outras funções ministeriais, mesmo que sejam exercidas por pessoas leigas, sempre têm referência à ordem hierárquica da liturgia. "Hierárquico" nesse contexto não significa a presidência efetiva de um ministro ordenado, mas a distinção entre quem preside e a assembléia à qual o ministro preside.

---

[56] Cf. *Ritual de bênçãos*, n. 24.

[57] Ibid., nn. 16-17.

De fato, isso significa que a assembléia litúrgica se distingue dos ministros, mesmo que estes sejam pessoas leigas que exercem a função de proclamar a Palavra de Deus e invocar a bênção divina em nome da Igreja. O *Ritual de bênçãos* apresenta a fundamentação teológica para essa distinção hierárquica: "O ministério da bênção está unido com o exercício especial do sacerdócio de Cristo e, conforme o lugar e as atribuições de cada um no povo de Deus", ou seja, bispo, presbíteros, diáconos e acólitos e leitores instituídos e, em virtude do sacerdócio comum, também outros leigos e leigas.[58] Para realçar esse aspecto, o mesmo livro sugere que a celebração solene das bênçãos deveria ser planejada de tal maneira que um diácono, leitor, cantor e coro consigam cumprir suas respectivas funções.[59]

A participação ativa é enfatizada em graus variáveis pelas outras edições típicas para os sacramentais. O *Ritual de exéquias*, por exemplo, concebe que para o período significativo entre a morte e o sepultamento "se reúnem os parentes e amigos e, se for possível, toda a comunidade, seja para ouvir na Liturgia da Palavra a mensagem de consolo e de esperança, seja para celebrar o sacrifício eucarístico, seja para dirigir ao morto a última saudação e despedida".[60] A edição típica igualmente incentiva pessoas leigas a dirigir os salmos e orações usuais no local do velório, na casa e no cemitério, quando nenhum diácono ou sacerdote estiver presente.[61] Quanto ao caráter hierárquico da celebração, a edição típica lembra todos os membros da comunidade que a cada um "pertence uma determinada função: pais, parentes e amigos, funcionários de empresa funerária, comunidade cristã e, finalmente, o sacerdote que preside a ação litúrgica e celebra a Eucaristia como guia da fé e ministro da consolação".[62]

---

[58] Cf. ibid., n. 17.

[59] Cf. ibid., n. 24, p. 16. O pano de fundo do papel das pessoas leigas é descrito por BUGNINI, The Laity and the Liturgy, in: *The Reform of the Liturgy*, pp. 752-762; P.-M. GY, La fonction des laïcs dans la liturgie, *La Maison-Dieu*, n. 162, pp. 43-54, 1985.

[60] *Ritual de exéquias*, n. 3.

[61] Cf. ibid., n. 5; veja também nn. 19 e 22,4 sobre pessoas leigas às quais se delegam funções.

[62] Ibid., n. 16.

Para concluir, a participação ativa, que é apresentada por SC 79 como o principal critério para a revisão do rito dos sacramentais, deveria ser considerada também o principal critério para o trabalho de inculturação. Não basta para a liturgia dos sacramentais pôr a veste da cultura e das tradições; ela deveria ser planejada de tal forma que os fiéis pudessem participar de maneira inteligente, ativa e fácil na celebração. Deveríamos acrescentar que a participação ativa não se limita a responsos verbais ou ao cantar de salmos e hinos. Ações rituais, bem como outras expressões simbólicas ligadas aos sacramentais, também são meios eficazes de produzir participação ativa. Por fim, dever-se-ia lembrar que a participação ativa, assim como é concebida por SC 79, não pode ser dissociada da cultura e das tradições do povo. A participação ativa tem uma dimensão que é pronunciadamente cultural.

A influência da cultura

SC 39 cita os sacramentais entre os ritos litúrgicos em que as conferências episcopais têm a liberdade de fazer adaptações. SC 79 prescreve que, quando se revisam os sacramentais, "as necessidades de nosso tempo sejam tidas em conta". Como os sacramentais estão, em geral, estreitamente vinculados à vida e às atividades humanas, a cultura tem uma contribuição importante a dar na moldagem do rito litúrgico deles. Pois os sacramentais pertencem basicamente à categoria dos sinais e, portanto, ao âmbito da cultura, embora sejam na realidade sinais sagrados que denotam efeitos, especialmente espirituais, e santificam várias ocasiões na vida humana.

Em vista dessa consideração cultural, um número apreciável das edições típicas para os sacramentais contém normas de como a cultura e as tradições de cada região podem ser admitidas apropriadamente na celebração. Dadas suas dimensões prevalentemente culturais, o *Ritual de exéquias* é evidentemente um ótimo exemplo de como os sacramentais se relacionam com a cultura. A introdução à edição típica oferece o seguinte conselho: "Aceite-se de bom grado o que houver de bom nas tradições familiares, nos costumes locais e nos serviços das empresas funerárias; o que, porém, estiver em contradição com o Evangelho, procure-se transformar, de modo que a celebração das exéquias cristãs manifeste realmente a fé pascal e o espírito do Evangelho".[63] O estudo feito por D. Sicard sobre a liturgia fúnebre dos cristãos latinos antes da reforma carolíngia lança luz sobre o papel da cultura na formação do rito.[64] C. Vogel também oferece informações esclarecedoras sobre como a Igreja antiga adotou costumes fúnebres romanos. Alguns deles, de acordo com Vogel, são a túnica branca para os mortos, o uso do *feretrum*, o cortejo fúnebre ou *exsequiae*, o modo de sepultamento ou *depositio*, a eulogia ou *laudatio funebris* e a celebração do banquete fúnebre chamado *refrigerium*.[65]

A edição típica do *Ritual de exéquias* reconhece que existem condições e tradições fúnebres diferentes em Igrejas locais. Por esse motivo, apresenta três modelos para um funeral, deixando que as conferências episcopais preparem rituais específicos que correspondam às necessidades das Igrejas locais. Para assisti-las, a edição típica estabelece normas específicas para a adaptação do rito. Essas normas aparecem também nas edições típicas dos outros livros litúrgicos, como matrimônio e iniciação cristã.

Três dessas normas são especialmente relevantes para nosso assunto. Primeira, cabe às conferências episcopais

> ponderar com cuidado e prudência que elementos das tradições e da cultura de povos distintos podem ser admitidos apropriadamente e, em consonância com isso, propor à Sé Apostólica adaptações adicionais consideradas úteis ou necessárias, que serão introduzidas na liturgia com o consentimento dela.

---

[63] Ibid., n. 2. Veja o estudo de caso sobre a relação entre práticas culturais e tradição cristã feito por T. PEREIRA, *Towards an Indian Christian Funeral Rite*, Bangalore, 1980.

[64] Cf. D. SICARD, *La liturgie de la mort dans l'Église latine des origines à la reforme carolingienne*, Münster, 1978; id., The Funeral Mass, *Concilium*, New York, n. 32 (*Reforming the Rites of Death*), pp. 45-52, 1968; cf. também P. ROUILLARD, I riti dei funerali, *Anamnesis*, v. 7, pp. 203-209.

[65] Cf. C. VOGEL, L'environnement cultuel du défunt durant la période paléo-chrétienne, in: *La maladie et la mort du chrétien dans la liturgie*, Roma, 1975, pp. 381-413.

Segunda, as conferências episcopais podem "conservar os elementos próprios dos rituais particulares já existentes, contanto que combinem com a constituição sobre a liturgia e com as necessidades hodiernas, ou então adaptá-los". E terceira, ordena-se que essas conferências preparem "as traduções de modo que estejam realmente de acordo com a índole das diversas línguas e culturas, acrescentando, quando for oportuno, melodias que se prestem para o canto".[66]

Além dessas normas gerais de adaptação, a edição típica chama a atenção para certas práticas fúnebres cristãs que podem necessitar de um reexame à luz de tradições culturais locais. Ela passa para as conferências episcopais a responsabilidade de "decretar, sempre que considerações pastorais o determinarem, a omissão da aspersão com água benta e o incensamento ou sua substituição por outro rito". Embora a aspersão e o incensamento sejam símbolos eloqüentes do que a Igreja professa quando celebra as exéquias, eles não possuem valores transculturais. Portanto, podem se tornar pastoralmente irrelevantes em lugares onde não tiverem raízes na tradição fúnebre nativa. A edição típica também deixa para as conferências episcopais a decisão de "decretar para as exéquias a cor litúrgica que combine com a cultura dos povos, não seja ofensiva ao luto humano e seja uma expressão da esperança cristã à luz do mistério pascal". No Ocidente, o preto é tradicionalmente associado com o pesar, mas em outras partes do mundo, como na China, o branco é a cor do luto. A disposição da edição típica responde a pergunta levantada durante o concílio quanto à cor apropriada para a liturgia fúnebre, considerando as diferenças no esquema de cores de várias regiões.[67]

A pergunta "O que há em uma cor?" revela uma atitude de indiferença para com um aspecto da cultura que significa muito para as pessoas enlutadas. Nas situações em que as sensibilidades estão à flor da pele, é melhor se ater ao que é considerado padrão. Para expressar o aspecto

---

[66] *Ritual de exéquias*, n. 21. Uma exposição mais completa desses modos de adaptação se encontra em CHUPUNGCO, *Liturgias do futuro*, pp. 132-139.

[67] Cf. *Ritual de exéquias*, n. 22,5-6.

pentecostal da morte, o vermelho foi certa vez usado na Missa fúnebre para os sacerdotes, e a igreja foi decorada com flores e faixas vermelhas. A reação da assembléia foi de choque cultural e ofensa, embora a intenção dos que planejaram a liturgia tivesse sido teologicamente correta. O esquema das cores é um elemento tão sensível da cultura que a liturgia não pode desconsiderá-lo sem correr o risco de se alienar da cultura.

Um modelo contemporâneo para adaptar a edição típica é a *Order of Christian Funerals* [*Ritual de exéquias cristãs*], preparada pela ICEL (International Commission on English in the Liturgy) para os membros das conferências episcopais.[68] Sua tradução de várias fórmulas latinas pode, sem hesitação, ser classificada sob a categoria da equivalência dinâmica. A linha inicial da fórmula 125B, que traduz *Inclina, Domine, aurem tuam ad preces nostras*, é um exemplo excelente do que a equivalência dinâmica pode alcançar: "Lord, in our grief we turn to you. Are you not the God of love who open your ears to all?" [Senhor, em nossa dor nos voltamos a ti. Não és tu o Deus de amor que abre seus ouvidos a todos?]. Além de textos traduzidos, a *Order of Christian Funerals* contém várias fórmulas originais que expressam a teologia da morte e captam os sentimentos humanos causados pela morte. Algumas das fórmulas são sublimes em sua articulação da fé e emoção: "Grant that we may hold his/her memory dear, never bitter for what we have lost nor in regret for the past, but always in hope of the eternal kingdom where you will bring us together again" [Concede que nos lembremos dele/dela com afeto, sem amargura pelo que perdemos nem arrependimento pelo passado, mas sempre na esperança do reino eterno onde tu nos reunirás de novo]. A fórmula para uma pessoa jovem articula nossa perplexidade não expressa, às vezes ressentida: "We grieve over the loss of one so young and struggle to understand your purpose" [Estamos tristes com a perda de uma pessoa tão jovem e temos dificuldade de compreender teu propósito].[69]

---

[68] Cf. ICEL, *Order of Christian Funerals*, Washington, 1985.

[69] Cf. ibid., 67, 342.

Levando em consideração costumes locais predominantes nas diferentes partes do mundo anglófono, a *Order of Christian Funerals* fornece alternativas e sugestões úteis para o plano ritual da celebração. Explica cuidadosamente o sentido de símbolos tradicionais como a vela pascal, a água benta e o incenso, e sugere o uso de outros símbolos adicionais como a mortalha, o *Evangeliário*, a cruz e flores viçosas.[70] O esforço elogiável da ICEL para inculturar a linguagem e, até certo ponto, os símbolos do rito de exéquias mostra que a inculturação não é do âmbito exclusivo de Igrejas locais situadas fora do Hemisfério Ocidental. É claro que, em lugares onde as exéquias são realizadas com um ritual marcantemente esmerado, ornado e colorido, o produto da inculturação igualmente se caracterizará por drama e exuberância. Mas a inculturação não deveria ser equiparada a tais qualidades. Ela é, antes, como já observamos no início deste livro, uma questão de quão exitosamente a liturgia assimila o padrão cultural de pensamento, linguagem, ritos e formas artísticas de um povo.

Quanto ao aspecto cultural das bênçãos, P. Jounel faz esta observação:

> Mais do que qualquer outro livro litúrgico, o *Ritual de bênçãos* tem de levar em conta as tradições locais. Muitos dos ritos de bênção propostos na edição típica serão inúteis para a maioria dos países; por outro lado, alguns países procurarão em vão por fórmulas que considerem muito úteis. As necessidades de uma civilização primordialmente agrária não são as mesmas de uma região industrializada.[71]

O progresso na tecnologia, como a produção de chuva, fez com que algumas das bênçãos agrícolas parecessem anacrônicas, inclusive para os próprios agricultores. Jounel observa com pesar que as bênçãos tradicionais adaptadas a situações modernas parecem artificiais para muitas pessoas. Ele pergunta com certo humor: "A bênção de cavalos deu

---

[70] Ibid., nn. 35-38, pp. 10-11.

[71] JOUNEL, Blessings, in: *The Church at Prayer*, v. 3, p. 278.

origem a procissões pitorescas, mas como pode acontecer o mesmo com tratores?".[72] A inculturação, porém, não exige que os ritos das bênçãos sejam dramáticos e vivos para que tenham sentido e sejam relevantes. Como o próprio Jounel indica: "É ainda mais importante reconhecer, antes que usemos coisas para nosso proveito, que todas elas, mesmo depois de terem sido transformadas pelo gênio humano, procedem, em última análise, de Deus e derivam de sua bondade inquebrantável".[73]

A inculturação lida diretamente com padrões culturais, e não com ritos e outras formas de manifestação cultural. Portanto, a inculturação dos ritos de bênção significaria que o espírito cristão de agradecimento a Deus pelas dádivas, "que a terra deu e mãos humanas criaram", recebe uma nova expressão cultural seguindo o padrão de pensamento e fala das pessoas sobre dádivas divinas, e não seus ritos e símbolos tradicionais e, às vezes, já obsoletos. Em si, as bênçãos não são anacrônicas, embora algumas de suas formas não tenham mais sentido. As bênçãos, que reconhecem Deus como o doador último de tudo que é bom, são relevantes inclusive no mundo tecnológico de hoje. A questão é como o padrão cultural de uma Igreja local capta e expressa o espírito genuíno da bênção.

Conclusão

A área de interesse abordada neste capítulo é o que a constituição sobre a liturgia e as várias edições típicas para os sacramentais apresentam como princípios teológicos, pastorais e culturais da inculturação. Nosso estudo levou-nos a examinar também as possibilidades de inculturação oferecidas pelas edições típicas, especialmente de ritos de bênção, profissão religiosa, dedicação de uma igreja e exéquias. Muito pode ser feito para

---

[72] Ibid., p. 284.

[73] Ibid.

tornar esses sacramentais mais relevantes para a vida das comunidades locais e de cada fiel.

Mas não estaria em consonância com o espírito do concílio e dos livros litúrgicos pensar que tudo que necessitamos fazer é inculturar os sacramentais já existentes. Um número considerável destes foi instituído como resposta às necessidades de Igrejas locais em algum momento específico. Sua relevância para a vida de uma comunidade cristã ou de um indivíduo é, em geral, dependente de circunstâncias que mudam. Os sacramentais estão tão profundamente enraizados na realidade concreta da vida que, dito em poucas palavras, eles vêm e vão. É por isso que sua inculturação não deveria ser considerada como o objetivo final da renovação litúrgica. Haverá ocasiões em que uma Igreja local sentirá a necessidade de novos sacramentais, de novas formas da presença contínua de Deus no ritmo da vida cotidiana fora da esfera dos sacramentos. O concílio previu isso quando decretou, com característico espírito de discernimento pastoral, que novos sacramentais podem ser introduzidos por conferências episcopais à medida que isso for necessário.

Quer lidemos com a inculturação de sacramentais existentes ou com a criação de novos, a declaração de SC 60 serve como nosso guia básico:

> [...] a santa mãe Igreja instituiu os sacramentais. São sinais sagrados que têm certo parentesco com os sacramentos, significando efeitos espirituais que se obtêm pela oração da Igreja. Pelos sacramentais as pessoas se dispõem a receber o efeito principal dos sacramentos e são santificadas as diversas circunstâncias de sua vida.

III

Religiosidade popular e inculturação litúrgica

A liturgia e a religiosidade popular

Uma década depois do concílio, os liturgistas começaram a concentrar sua atenção, como reflexo posterior, na religiosidade popular. Na década de 1970, várias Igrejas na América Latina e na Europa, especialmente na Itália, França e Espanha, viram florescer a literatura sobre esse tema. Em 1979, F. Trolese compilou, em uma bibliografia sobre religiosidade popular, nada menos que 528 títulos, na maioria escritos durante essa década.[1]

O efeito da renovação litúrgica sobre a religiosidade popular

Aparentemente, o interesse dos liturgistas até a década de 1970 tinha se limitado à tarefa de implementar a reforma litúrgica pós-conciliar. No final da década de 1960 e no início da década de 1970, as edições

---

[1] F. TROLESE, Contributo per una bibliografia sulla religiosità popolare, in: *Ricerche sulla religiosità popolare*, Bologna, 1979, pp. 273-325. A bibliografia de Trolese cobre, em sua maior parte, as línguas italiana, francesa e espanhola. No mundo de língua alemã, os seguintes liturgistas devem ser mencionados: B. FISCHER, Liturgie und Volksfrömmigkeit, *Liturgisches Jahrbuch*, v. 17, pp. 129-143, 1967; W. HEIM, Volksfrömmigkeit und Liturgie, *Heiliger Dienst*, v. 21, pp. 17-29, 1967; J. BAUMGARTNER (ed.), *Wiederentdeckung der Volksreligiosität*, Regensburg, 1979.

típicas dos livros litúrgicos foram revisadas e publicadas com grande regularidade. Em 1968, publicou-se o rito para a ordenação de diáconos, presbíteros e bispos. Foi seguido, em 1969, pelos ritos do batismo de crianças, matrimônio e exéquias; em 1970, pelo *Missal Romano* e o *Lecionário* e os ritos da profissão religiosa e consagração de virgens; em 1971, pelos livros da Liturgia das Horas e os ritos de bênção abacial e a bênção de óleos; em 1972, pelos ritos da iniciação de adultos, confirmação e unção dos enfermos; em 1973, pelo rito para instituir leitores e acólitos; em 1974, pelo rito da penitência e, em 1978, pelo rito da dedicação de uma igreja e altar.

Durante esses anos, as Igrejas locais em todo o mundo recebiam as novas edições típicas com tal freqüência que não havia momento de pausa no trabalho de traduzi-las e adaptá-las. Os pastores necessitavam de material para a catequese e para planejar a celebração da liturgia de acordo com os ritos recém-revisados. Os liturgistas tinham suas mãos ocupadas. Em um esforço, que foi verdadeiramente elogiável, de dirigir a atenção dos fiéis para a liturgia como o ápice e a fonte da vida cristã, os liturgistas e pastores baniram zelosamente devoções populares durante as celebrações litúrgicas. O tempo destinado para a hora santa, a novena ao santo padroeiro e a recitação comum do rosário na igreja foi transformado em cultos da Palavra ou na Liturgia da Palavra. Em lugares onde os fiéis se apegavam tenazmente a devoções populares, como a novena a Nossa Senhora do Perpétuo Socorro, alguns pastores improvisaram uma solução prática: integraram prontamente a novena na Missa. Em geral, esses esforços concentrados permitiram à liturgia recuperar o lugar de importância que ela ocupa com justiça, mas o equilíbrio saudável entre liturgia e religiosidade popular sofreu nesse processo.

A própria constituição sobre a liturgia deu pouca atenção à questão da religiosidade popular. SC 13 se limitou àquele único aspecto sobre o qual a liturgia tem uma incidência direta, ou seja, as *pia exercitia*, ou devoções populares. E lidou com a questão como um apêndice da teologia conciliar da liturgia, que designa a liturgia como o ápice e a fonte de toda atividade da Igreja. De fato, como SC 7 declara solenemente, a liturgia é considerada um exercício do múnus sacerdotal de Cristo. Por isso, nenhuma outra atividade da Igreja pode se comparar com ela em dignidade e eficácia. SC 13 conclui corretamente que, por sua própria natureza como ato sacerdotal de Cristo com que ele associa a Igreja, a liturgia supera em muito qualquer uma das devoções populares. Como P. Visentin reconhece com pesar, "pode parecer estranho, mas temos de admitir clara e honestamente que a questão relativa à religiosidade popular, que está muito viva hoje, era mais ou menos inexistente durante o Vaticano II e inclusive ao longo do trabalho preparatório da reforma litúrgica".[2]

Esse tratamento de apêndice dado à religiosidade popular pelo concílio não deveria causar surpresa. O movimento litúrgico clássico que deu forma ao documento conciliar estava primordialmente preocupado com a promoção da liturgia e da vida litúrgica. A redescoberta do lugar que a liturgia ocupa na missão e vida espiritual da Igreja levou à reestruturação radical da vida de oração. Contrariando todas as probabilidades e críticas violentas, o movimento litúrgico distinguiu claramente entre o que é litúrgico e, portanto, essencial à vida da Igreja e o que não é. É por isso que a constituição sobre a liturgia está inteiramente dedicada à liturgia e a coisas litúrgicas. Exceto por uma rápida menção a devoções populares, a constituição nada tem a dizer sobre a religiosidade popular como expressão do culto cristão. Essa dicotomia foi o efeito desafortunado de uma reação radical a uma situação então predominante em que o valor da liturgia era muitas vezes eclipsado pela religiosidade popular. Portanto, o movimento litúrgico e o concílio reduziram a importância desfrutada pela religiosidade popular entre os fiéis.

A reavaliação da religiosidade popular

A avaliação posterior da religiosidade popular parece ter sido produzida por dois fatores. O primeiro foi a redescoberta do valor que

---

[2] P. Visentin, Liturgia e religiosità popolare: due mondi ancora lontani?, in: *Liturgia e religiosità popolare*, Bologna, 1979, p. 219.

tinha a religiosidade popular, não somente para a promoção da teologia da libertação latino-americana, mas também para a integridade do culto cristão. Começou a ficar claro para os liturgistas que o culto integral da Igreja consiste tanto nas formas oficiais quanto nas formas populares de oração. De fato, a própria SC 12 ensina que "a vida espiritual não se limita unicamente à participação na sagrada liturgia". Há, além da liturgia, outras formas de culto. A propósito, E. Cattaneo observa que "a piedade litúrgica bem como devoções populares existiram sem interrupção desde o início do cristianismo até agora, e ambas sempre continuarão a existir".[3]

Comentando SC 12, S. Marsili observa: "Na Igreja há duas formas de culto desfrutando o mesmo direito, pelo menos no nível prático: uma é organizada e ordenada pela autoridade da Igreja para ser observada por todos, e a outra, que é variada, indefinida e mutável, surge do povo".[4] Embora Marsili faça uma distinção clara entre a liturgia como culto celebrado *pela* Igreja e as devoções populares como culto *na* Igreja, ele sugere que "qualquer forma de oração que a comunidade cristã realize como Igreja, isto é, como corpo e cabeça ou 'um povo unido com seu pastor', com a intenção de celebrar o mistério de Cristo, tem os elementos fundamentais de 'liturgia' e pode ser declarada como tal".[5]

A essa esclarecedora reflexão de Marsili, podemos acrescentar que a vida de oração tanto da Igreja quanto do fiel individualmente com certeza sofreria um desequilíbrio se o culto divino fosse confinado à forma oficial. Os sacramentais e as bênçãos certamente preenchem aquelas áreas da existência humana deixadas vagas pela Missa, os outros sacramentos e o Ofício Divino, mas não satisfazem a necessidade de uma oração mais pessoal e não estruturada, que é disponibilizada aos fiéis pela religiosidade popular, especialmente as devoções. Além disso, se as devoções populares

---

[3] E. CATTANEO, Proposta di uno schema sui rapporti fra la liturgia e pietà popolare nella Chiesa occidentale, in: *Liturgia e religiosità popolare*, p. 79.

[4] S. MARSILI, Liturgia e non-liturgia, *Anamnesis*, Torino, 1974, v. 1, p. 151 [Ed. bras.: VV.AA. *A liturgia, momento histórico da salvação*, São Paulo, 1986, pp. 167-190, Anamnesis 1].

[5] Ibid., p. 156.

também funcionam como uma preparação pessoal para a experiência de Deus durante o culto oficial e um transbordamento dela, elas aumentarão a participação ativa na própria liturgia. Em outras palavras, a doutrina do *ex opere operato* e *ex opere operantis Ecclesiae* necessita do apoio da oração pessoal, que, para alguns dos fiéis, é aquilo que é constituído, em última análise, pelo exercício das devoções populares. O fato de a liturgia ser a fonte e o ápice da vida da Igreja apenas mostra que, à parte da liturgia, há outras atividades que compõem a realidade total da Igreja.

O segundo fator que levou à reavaliação da religiosidade popular foi o sentimento inquietante de que a liturgia reformada, mesmo no vernáculo, permanecia distante de um grande número de pessoas que até então prestavam culto de acordo com uma ou outra forma de religiosidade popular. Para muitas pessoas, a forma oficial de culto, especialmente quando não se tentou inculturá-la, é irremediavelmente fria e distante. Suas características clássicas, que devem ter agradado imensamente ao *homo classicus* da Roma do século VI, parecem distanciá-la da experiência religiosa de assembléias com um outro padrão de culto, especialmente de uma orientação ou tipo popular. D. Sartore, cujo artigo "Le manifestazioni della religiosità popolare" oferece uma sólida contribuição para esse tema, escreve: "Hoje nos tornamos claramente conscientes de que esse fenômeno popular tem valores que necessitam ser reestudados e que ele deveria se tornar um protagonista na renovação da Igreja, que, em virtude de sua missão, não pode ser reduzida a uma 'Igreja das elites'".[6] Para um número considerável de fiéis, a liturgia revisada de hoje, com sua linguagem solene e sublime, é ainda muito uma atividade exclusiva do grupo de elite da Igreja. Se não lhe forem introduzidas as qualidades da religiosidade popular, ela pode se tornar, com o tempo, uma espécie ameaçada na vida de culto do cristão comum.

Como a religiosidade popular desempenhará um papel importante na renovação de uma vida litúrgica que não esteja reservada para a elite? Para

---

[6] D. SARTORE, Le manifestazioni della religiosità popolare, *Anamnesis*, Genova, 1989, v. 7, p. 234 [Ed. bras.: VV.AA. *Os sacramentais e as bênçãos*, São Paulo, 1993, pp. 270-292, Anamnesis 6].

essa pergunta recebemos uma resposta parcial de SC 13, que insiste que as devoções populares deveriam relacionar-se com a liturgia, harmonizar-se com os tempos litúrgicos e conduzir as pessoas à liturgia. SC 13 nos diz que a liturgia, com seu conteúdo doutrinal sublime e sua forma primorosa, tem recursos suficientes para compartilhar com as devoções populares. No entanto, não nos diz como as devoções populares podem influenciar a liturgia. É do *Documento de Puebla* que recebemos uma resposta completa e satisfatória: deveria haver "uma mútua fecundação entre liturgia e piedade popular".[7] Os liturgistas que escrevem sobre a religiosidade popular são unânimes em afirmar a necessidade daquilo que *Puebla* descreve como uma relação recíproca entre a liturgia e a religiosidade popular.[8]

Embora nem *Puebla* nem os liturgistas, com exceção de C. Valenziano, usem o termo inculturação, é o que eles de fato defendem. Através do processo da inculturação, a liturgia e a religiosidade popular deveriam entrar na dinâmica da interação e assimilação mútua para serem enriquecidas com as qualidades pertinentes de uma e de outra. Para Igrejas locais com práticas religiosas populares há muito existentes, a inculturação é, aparentemente, a única solução disponível para o problema da alienação litúrgica e também o melhor método de transformar a religiosidade popular em um veículo autêntico do Evangelho.

Não pode haver dúvida quanto àquilo que o contato entre a forma oficial do culto e a religiosidade popular pode produzir. Ele dará uma feição mais humana à liturgia e um fundamento teológico e eclesial mais sólido à religiosidade popular. Nas palavras do *Documento de Puebla*:

---

[7] Documento de Puebla: Evangelização no presente e no futuro da América Latina, n. 465, in: CONSELHO EPISCOPAL LATINO-AMERICANO, *Documentos do CELAM*: Conclusões das Conferências do Rio de Janeiro, Medellín, Puebla e Santo Domingo, São Paulo, 2004, p. 406.

[8] A respeito da relação entre liturgia e religiosidade popular, veja D. BOROBIO, Religiosidad popular en la renovación litúrgica: criterios para una renovación, *Phase*, v. 15, pp. 345-364, 1975; H. DENIS, Les stratégies possibles pour la gestion de la religion populaire, *La Maison-Dieu*, n. 122, pp. 163-193, 1975; VISENTIN, Liturgia e religiosità popolare: due mondi ancora lontani?, in: *Liturgia e religiosità popolare*, pp. 239-246; C. VALENZIANO, La religiosità popolare in prospettiva antropologica, in: ibid., pp. 83-110; J. CASTELLANO, Religiosidade popular e liturgia, in: *Dicionário de liturgia*, São Paulo, 1992, pp. 1.012-1.021; e SARTORE, Le manifestazioni della religiosità popolare, pp. 245-246.

Os grandes desafios que a piedade popular levanta [...] configuram as seguintes tarefas pastorais: [...] e) Favorecer a mútua fecundação entre liturgia e piedade popular que possa orientar com lucidez e prudência os anseios de oração e vitalidade carismática que hoje se comprovam em nossos países. Por outro lado, a religião do povo, com sua grande riqueza simbólica e expressiva, pode proporcionar à liturgia um dinamismo criador. Este, devidamente discernido, há de servir para encarnar mais e melhor a oração universal da Igreja em nossa cultura.[9]

A inculturação e as formas de religiosidade popular

O processo de inculturação requer um exame minucioso não somente das partes da liturgia a serem modificadas ou alteradas, mas também dos elementos da religiosidade popular a serem admitidos na liturgia. Como inculturação significa reciprocidade, a liturgia deveria permanecer aberta à influência da religiosidade popular. Naturalmente, a questão que temos de abordar é se a religiosidade popular tem os recursos lingüísticos e rituais que possam ser utilizados pela liturgia e como eles podem enriquecer a forma da liturgia, de modo que os fiéis que só se sentem à vontade com a religiosidade popular também possam começar a se sentir à vontade com a forma oficial de culto da Igreja.

Uma definição de religiosidade popular

Sartore define a religiosidade popular como "um conjunto de atitudes espirituais e expressões de culto que estão conectadas de maneira variada com a liturgia".[10] Sua definição coincide com o conceito de religiosidade popular de J. Evenou, que a descreve como "uma coleção de comportamentos e práticas rituais que estão mais ou menos em

---

[9] Cf. Documento de Puebla, pp. 405-407.

[10] SARTORE, Le manifestazioni della religiosità popolare, p. 232; cf. A. TERRIN, Religiosidade popular e liturgia, in: *Dicionário de liturgia*, São Paulo, 1992, pp. 1.006-1.012.

harmonia com as prescrições das autoridades hierárquicas".[11] Sartore faz um esclarecimento importante sobre o termo "religiosidade". Hoje, escreve ele, a palavra "religiosidade" não deveria ser entendida como o equivalente de religião subjetiva nem de uma forma degenerada dela. A religiosidade é, antes, uma forma concreta de religião genuína, mesmo que suas expressões, às vezes, careçam de doutrina correta e de disciplina eclesiástica.[12] A palavra "popular", contudo, é uma denominação pela qual a religiosidade é distinguida da liturgia ou forma oficial do culto. Deveríamos observar que a palavra "popular" não é uma avaliação da popularidade que uma celebração é capaz de receber das pessoas. Dependendo da região, certas celebrações litúrgicas, especialmente aquelas que incluem ritos arraigados na tradição popular, como a procissão do Domingo de Ramos e a veneração da cruz na Sexta-feira Santa, têm um forte apelo popular, enquanto algumas formas de religiosidade popular, de novo dependendo da região, podem receber pouco ou nenhum interesse por parte das pessoas.

A natureza e as formas da religiosidade popular são tais que a autoridade eclesiástica não exerce e não pode exercer sempre uma supervisão direta sobre sua múltipla expressão. Essa situação cria, às vezes, entre as autoridades eclesiásticas, uma atitude de ambivalência diante da religiosidade popular, uma ambivalência cujo espectro vai da aceitação até a clara rejeição. Temos de admitir, contudo, que algumas formas de religiosidade popular relacionadas com o Batismo, o Matrimônio e as Exéquias são de caráter ambíguo. Nelas, a linha divisória entre o genuinamente religioso e o puramente social, entre a ortopráxis e a superstição nem sempre está delineada claramente. Um número considerável de devoções populares, porém, carregam o selo da aprovação eclesiástica. Evenou resume a longa história da reação da Igreja à religiosidade popular nas seguintes palavras: "A atitude da Igreja perante a religião popular tem variado, em diferentes períodos e países, de uma tolerância que visa mostrar receptividade a uma

---

[11] J. Evenou, Processions, Pilgrimages, Popular Religion, in: *The Church at Prayer*, Collegeville, 1988, v. 3, p. 256.

[12] Cf. Sartore, Le manifestazioni della religiosità popolare, p. 232.

fraqueza que se deixa atropelar como, no outro extremo, uma severidade que condena e procura purificar".[13]

O *Diretório para o ministério pastoral dos bispos,* publicado em 1973 pela Congregação para os Bispos, oferece conselho equilibrado e prudente sobre como os bispos devem lidar com a religiosidade popular. Eles não deveriam

> proibir nenhuma das coisas boas e úteis que fazem parte das celebrações e divertimentos populares que ocorrem durante o ano em festas que são peculiares de um determinado lugar ou do calendário universal (p. ex., as de um santo padroeiro ou de Nossa Senhora, do Natal, da Páscoa etc.).

O *Diretório* conclama os bispos a aperfeiçoar essas práticas e orientar apropriadamente seus aspectos religiosos, imbuindo-os com a fé correta, devoção sobrenatural e doutrina cristã. Por conseguinte, os bispos devem se precaver contra expressões da religiosidade popular que conflitem com a doutrina cristã ou a opinião da Igreja. Eles devem eliminar tais expressões, mas, ao mesmo tempo, "abrir prudentemente caminho para novas formas de devoção".[14]

Formas de religiosidade popular

Os autores têm maneiras diferentes de classificar as formas de religiosidade popular. Os agrupamentos feitos por Sartore podem ser considerados padrão. Ele as classifica em quatro categorias: primeira, devoções a Cristo, a Nossa Senhora e aos santos na forma de peregrinações, festas de padroeiros, procissões, devoções populares e novenas; segunda, os ritos relacionados com o ano litúrgico; terceira, práticas tradicionais em conjunção com a celebração dos sacramentos e outros ritos cristãos,

---

[13] Evenou, Processions, Pilgrimages, Popular Religion, p. 256.

[14] Congregação para os Bispos, *Diretório para o ministério pastoral dos bispos,* ed. atual., São Paulo, 2007, n. 90c.

como as exéquias; e quarta, instituições e objetos religiosos conectados com várias formas de religiosidade popular.[15]

"Devoção popular" é a tradução para o português do latim *pia exercitia*. Entre as formas de religiosidade popular, ela ostenta a distinção de ser incentivada pela Igreja. A atual legislação eclesiástica identifica as seguintes formas de devoção popular entre aquelas que deveriam "ser reverentemente preservadas e difundidas entre as famílias e comunidades cristãs", ou seja, o rosário, a via-sacra e certas novenas que precedem solenidades litúrgicas como Pentecostes e Natal.[16]

Embora vários países da Europa e América Latina possam reivindicar que são os centros da religiosidade popular,[17] as Filipinas como ex-colônia da Espanha compartilham e preservam fielmente, em forma modificada, grande parte das tradições religiosas de seus colonizadores. Como principal historiador filipino, H. de la Costa afirma que a cultura religiosa filipina da forma como a conhecemos hoje começou com a vinda dos primeiros missionários espanhóis.[18]

Para dar informações adicionais sobre aquelas formas da religiosidade popular que poderiam acabar entrando na dinâmica da interação com a liturgia, seria útil descrever aqui brevemente algumas das formas filipinas de religiosidade popular.[19] Como um número considerável dessas formas foi efetivamente trazido pelos missionários espanhóis, a maioria dos exemplos dados abaixo não é original das Filipinas, embora tenha assumido cor e caráter local. O *cenaculo*, ou a representação da Paixão durante a Semana Santa, originou-se na Europa medieval, enquanto o *encuentro* no amanhecer do Domingo de Páscoa ainda é preservado no

---

[15] Cf. SARTORE, Le manifestazioni della religiosità popolare, pp. 232-233; VALENZIANO, La religiosità popolare in prospettiva antropologica, pp. 94-95.

[16] Cf. *Diretório para o ministério pastoral dos bispos*, n. 91.

[17] Cf. A. NESTI, La religiosità popolare in America Latina: problemi di ricerca, *Rassegna di teologia*, v. 3, pp. 247-268, 1990.

[18] Cf. H. de la COSTA, Religious Renewal: An Asian View, *Philippine Studies*, v. 20, pp. 93-94, 1972.

[19] Cf. A. CHUPUNGCO, *Towards a Filipino Liturgy*, Manila, 1976, pp. 78-93; id., Folklore and Christian Worship, *Boletín Eclesiástico de Filipinas*, n. 47, pp. 166-171, mar.-abr. 1973.

sul da Itália e em alguns países da América Latina. Praticamente todas as devoções populares nas Filipinas vêm da Europa.

As formas de religiosidade popular das Filipinas podem ser agrupadas, de uma forma um tanto diferente da classificação feita por Sartore, nas seguintes categorias: devoções populares, procissões, altares ou santuários e encenação religiosa e dança religiosa. Na prática, essas formas se sobrepõem ou se entrelaçam. As devoções populares muitas vezes são realizadas durante procissões e na frente de altares; a dança religiosa, às vezes, acompanha procissões de rua; a encenação religiosa pode ser uma expressão de devoção pessoal e comunitária. Em vários casos, essas atividades são empreendidas por pessoas individualmente, por um grupo ou inclusive por uma comunidade inteira, como uma oferenda votiva para cumprir um voto religioso ou como um ato de ação de graças por bênçãos divinas.

A maioria das devoções populares nas Filipinas, como nas outras partes do mundo cristão, tem o selo da aprovação da Igreja. As mais comuns delas são visitas ao Santo Sacramento, devoções da hora santa, novenas, o Ângelus e a recitação do rosário. Também há devoções sazonais, como a via-sacra na Quaresma, peregrinações a santuários marianos, especialmente no mês de maio, e a *visita de iglesias*, ou a oração diante do Santo Sacramento na noite da Quinta-feira Santa e na maior parte da Sexta-feira Santa. A *visita de iglesias* é geralmente uma atividade familiar ou de grupo. Em cidades grandes como Manila, é costume visitar — a maioria das pessoas o faz a pé — um mínimo de sete igrejas e passar momentos de oração diante do altar da reposição. Esse ritual religioso, que sempre atrai uma multidão de pessoas, é provavelmente a expressão mais comovente e edificante de devoção eucarística das Filipinas.

Nativo das Filipinas é o cantar, diante de altares domésticos durante a Quaresma ou, menos freqüentemente, em velórios, dos versos da *Pasyon*. A *Pasyon* é um livro escrito em sete importantes línguas filipinas que consiste em 3.150 estrofes rimadas de cinco versos cada.

Embora narre a história da salvação desde o momento da criação até a segunda vinda de Cristo, incluindo histórias apócrifas, grande parte dela é um relato detalhado da paixão de Cristo e uma meditação orante sobre ela. Amigos e vizinhos vêm para cantar uma parte da *Pasyon* e participam depois de uma refeição, que ainda retém vagamente uma conotação sacra.[20]

As procissões são um fenômeno que acontece durante o ano todo. São realizadas em conexão com as festas e épocas do ano litúrgico, durante *fiestas* de cidades em honra de santos padroeiros e em tempos de calamidade e aflição, sejam elas causadas pela natureza ou pelo ser humano. As procissões, a menos que sejam estritamente litúrgicas, são organizadas por confrarias e se apresentam em várias formas. Há procissões de rua e fluviais com imagens sagradas, embora algumas não as tenham, como as *flores de Mayo*, ou as ofertas diárias de flores, originalmente por crianças, a Nossa Senhora durante o mês de maio. Algumas procissões envolvem representações de personagens bíblicos, como em *santakrusan*, também no mês de maio, comemorando o achado da santa cruz. Embora *flores de Mayo* e *santakrusan* tenham degenerado em um desfile de beleza e uma atração turística, ainda se parecem com uma atividade religiosa. A procissão com a imagem do Nazareno Negro, ou Cristo carregando a cruz, é realizada no distrito de Quiapo, em Manila, todo 9 de janeiro e na Sexta-feira Santa. É provavelmente a procissão mais impressionante do país, mas também a mais apavorante, por causa da coragem física que exige de seus participantes, todos homens, a se acotovelarem.[21] As procissões da Semana Santa na cidade de Baliuag, ao norte de Manila, com perto de cem carroças adornadas com imagens de tamanho natural,

---

[20] Cf. *Kasaysayan ng Pasiong Mahal*, Manila, 1964; MARYHILL SCHOOL OF THEOLOGY, *Ang Pabasa* and the Liturgy, *The Liturgical Information Bulletin of the Philippines*, v. 9, pp. 48-53, mar.-abr. 1974; R. ILETO, *Pasyon and Revolution*, Manila, 1981; R. JAVELLANA, *Pasyon* Genealogy and Annotated Bibliography, *Philippine Studies*, v. 31, pp. 451-467, 1983; id., Sources of Gaspar Aquino de Belen's *Pasyon*, ibid., v. 32, pp. 305-321, 1984; id., *Casaysayan nang Pasiong Mahal*, Quezon City, 1988, pp. 3-42.

[21] Cf. B. BELTRAN, *The Christology of the Inarticulate*, Manila, 1987, pp. 116-124.

todas ricamente trajadas — somente a carroça para a Última Ceia tem treze imagens —, são insuperavelmente as mais exuberantes.[22]

Os altares, que são um onipresente fenômeno religioso filipino, encontram-se em casas, lojas, grutas, veículos e em esquinas. Os altares são lugares reservados para a veneração da imagem da cruz, de Cristo e dos santos. A maioria dos veículos públicos, chamados de *jeepneys*, carrega altares em honra de Cristo e de Nossa Senhora entre adesivos cômicos ou provocativos: uma mistura curiosa de religiosidade, sabedoria popular e jocosidade. As imagens indubitavelmente mais populares são as do *Santo Niño*, ou do Menino Jesus, vestido com todos os trajes que se possam imaginar; o Cristo sofredor, ou o Nazareno Negro; e Nossa Senhora sob todos os títulos marianos disponíveis. Em uma tentativa de afirmar o Menino como parte das atividades humanas e participante do destino das pessoas, o *Santo Niño* é retratado diferentemente como pescador, agricultor, policial ou jovem despreocupado. Diferentemente da sóbria liturgia romana, a religiosidade popular não vê problema na existência de várias representações da mesma pessoa em um só lugar. Centenas das imagens do Menino Jesus são carregadas em procissão, enquanto altares domésticos nunca são o monopólio de uma única imagem de Nossa Senhora.[23]

O *Diretório Catequético Nacional* para as Filipinas admite que o Cristo do catolicismo popular filipino é predominantemente o *Santo Niño* e o Cristo sofredor.[24] O Cristo ressurreto não ocupa um lugar tão importante na vida devocional dos católicos comuns. Resumidamente, o *Diretório* justifica essa peculiaridade quando destaca que "o 'escândalo' tanto do Menino quanto do Cristo Crucificado está fundamentado na própria Boa-Nova". Observa que um número considerável de filipinos vê no Menino Jesus o Deus que se tornou

---

[22] Cf. G. Casal; R. Jose, Colonial Artistic Expressions in the Philippines, in *The People and Art of the Philippines*, Los Angeles, 1981, pp. 108-111.

[23] Informações sobre as imagens religiosas nas Filipinas se encontram em ibid., pp. 117-121; veja também Beltran, *The Christology of the Inarticulate*, pp. 126-135.

[24] Cf. *Maturing in Christian Faith*, Pasay City, 1985, n. 41, p. 34.

INCULTURAÇÃO LITÚRGICA: SACRAMENTAIS, RELIGIOSIDADE E CATEQUESE

acessível e no Cristo crucificado, mais do que no ressurreto, um sinal mais claro e poderoso do amor de Deus. Quanto à extraordinária manifestação da devoção a Nossa Senhora por parte dos filipinos, o *Diretório* observa que ela se baseia nas raízes hispânicas do catolicismo filipino bem como na estima e no respeito da sociedade filipina pelas mulheres, especialmente pelas mães, "um traço cultural fomentado e aprofundado pela fé cristã".[25]

A cultura religiosa filipina apresenta traços barrocos em sua encenação e dança religiosas; são realizadas em conexão com o tempo litúrgico e as *fiestas* locais. As seguintes são algumas das formas de encenação religiosa que florescem nas Filipinas. Na noite de Natal, realiza-se o *panuluyan*, ou a procura por uma hospedaria, na frente das casas. As imagens de Nossa Senhora e de são José são carregadas em procissão, enquanto um coro narra como os proprietários das casas mandaram o santo casal embora. A procissão entra na igreja a tempo para a Missa da meia-noite. Na Semana Santa, o *cenaculo* apresenta de noite, no palco, a história da salvação. Na Sexta-feira Santa, a *penitensya*, que é uma encenação de rua realizada por atores fantasiados, representa o carregar da cruz.[26] No amanhecer do Domingo da Páscoa, várias cidades realizam o *encuentro*. Duas procissões separadas, uma com a imagem do Cristo ressurreto e a outra com uma imagem coberta de Nossa Senhora, reúnem-se na praça da cidade para encenar o encontro entre Cristo e sua mãe no alvorecer da Páscoa. Uma menina vestida como um anjo é suspensa no ar e levanta o véu de luto de Nossa Senhora enquanto canta a antífona *Regina Coeli*. Então, mediante algum mecanismo, faz-se com que as duas imagens se curvem uma para a outra em sinal de saudação pascal.

Há teólogos e pastores que se opõem à prática do *encuentro*, chamando-o de distorção do relato bíblico. R. Brown nos informa, todavia, que desde o

---

[25] Ibid., nn. 42-43, p. 35.

[26] Cf. ibid., pp. 113-117; MARYHILL SCHOOL OF THEOLOGY, The Christmas Liturgy and *Panuluyan*, *The Liturgical Information Bulletin of the Philippines*, v. 9, pp. 41-47, mar.-abr. 1974; M. ANDRADE, *Encuentro during Easter Sunday Celebration*, ibid., v. 11, pp. 50-52, mar.-abr. 1976.

tempo do *Diatessaron* de Taciano, no século II, há elementos de uma tradição entre os Padres da Igreja, especialmente aqueles que escrevem em siríaco, como Efrém, de que foi Maria, a mãe de Jesus, e não Maria Madalena, que foi ao túmulo cedo, na manhã do Domingo da Páscoa. Ele cita Loisy, segundo o qual esse pode ser o relato original, que talvez tenha sido conformado à tradição sobre Madalena dos Sinóticos.[27] Não há maneira de descobrirmos com certeza se o *encuentro* foi inspirado por essa tradição alternativa. Mas uma consideração importante deve ser lembrada: a exatidão bíblica não é um dos traços salientes da devoção popular. E quando se trata da Mãe de Deus, como no caso do *encuentro*, os devotos não exigem prova ou base bíblica. O que os evangelhos não dizem, a piedade filial afirma. A devoção popular simplesmente se recusa a acreditar que Jesus não tenha aparecido primeiro à sua mãe depois da ressurreição.

Entre as danças religiosas tradicionais, as mais populares são as realizadas durante procissões com a imagem do santo padroeiro. "Religiosas" é muitas vezes uma designação equivocada, pois esse tipo de dança simplesmente adota a dança popular tradicional, e a música tocada pela banda não é necessariamente de um tipo religioso. Há também uma série de danças feitas por um número considerável de razões, incluindo o pedido de mulheres casadas pela bênção da fertilidade. Estas são realizadas privadamente, dentro da igreja, na frente das imagens de santos padroeiros. No mês de janeiro, realiza-se o *ati-atihan*, ou festa de fantasias com danças e brincadeiras de rua. Os historiadores remontam a prática à descida anual dos nativos Ati às planícies da ilha de Panay para receber comida em troca de uma dança. Hoje ela é celebrada em honra do Menino Jesus, que, de acordo com a lenda, salvou os habitantes de saqueadores muçulmanos. A festa de *ati-atihan* compreensivelmente conquistou os corações dos devotos do *Santo Niño* em todo o país. Centenas de imagens do Menino Jesus são carregadas em procissão, enquanto dançarinos, vestidos como os nativos Ati, se contorcem ao som furioso de tambores.

---

[27] Cf. R. BROWN, *The Gospel According to John*, XIII-XXI, New York, 1970, p. 981.

A partir da descrição precedente das diferentes formas da religiosidade popular, podemos identificar os pontos de encontro e interação entre a liturgia e a religiosidade popular. As mais importantes dessas formas são as devoções populares, as procissões, os altares, a encenação e a dança. Elas variam em sua expressão, mas possuem traços comuns, que examinamos agora em vista da inculturação.

A inculturação e os traços da religiosidade popular

A inculturação é um processo de interação e assimilação mútua que afeta tanto a liturgia quanto as diferentes formas da religiosidade popular. Aqui concentramos nossa atenção especialmente em como a religiosidade popular pode influenciar a forma da liturgia. O inverso, que é abordado em parte por SC 13 e pela exortação apostólica *Marialis cultus* do papa Paulo VI, números 40-55, é tratado de maneira integral por J. Castellano em um artigo sobre o assunto.[28]

Uma novena "litúrgica"?

Para ilustrar como a liturgia pode influenciar a devoção popular, seria útil citar exemplos concretos. Em conformidade com os desejos de SC 13, os monges beneditinos de Manila revisaram as três novenas peculiares à sua Igreja. Essas novenas são em honra do *Santo Niño*, de Nossa Senhora de Montserrat e de são Bento. A versão revisada segue um formato litúrgico: versículo introdutório tirado do Ofício Divino: "Vinde, ó Deus, em meu auxílio", hino de abertura, oração de abertura tomada do *Sacramentário Romano*, leitura da Escritura seguida de silêncio e breve responsório no estilo do Ofício Divino, litania propriamente dita, oração de petição, Pai-Nosso, oração final tirada do *Sacramentário*

---

[28] Cf. CASTELLANO, Religiosidade popular e liturgia, pp. 1.019-1.020.

Romano e canto final.[29] O resultado da revisão é uma forma de novena que é tão "litúrgica" quanto SC 13 provavelmente as imagina ser. Mas é exatamente essa forma "litúrgica" que suscita um forte sentimento de apreensão sobre o futuro dessas novenas. A qualidade floreada, discursiva e pitoresca, que é característica das devoções populares, está claramente ausente delas. Até que ponto as novenas podem assumir a forma litúrgica sem abandonar os traços que as classificam como devoções populares?

Outro exemplo, que à primeira visita pode parecer curioso, é a oração de novena para o Natal incluída no *Treasury of novenas* [Tesouro de novenas] de L. Lovasik.[30] A fórmula é uma mistura de devoção popular com textos litúrgicos adaptados das coletas e prefácios de Natal. O seguinte trecho da fórmula mostra claramente a tentativa feita pelo compositor de produzir uma oração de novena "litúrgica": "Pai celestial, tornaste a noite de Natal radiante com o esplendor de Jesus Cristo, nossa luz. Eu o saúdo como Senhor, a verdadeira luz do mundo. Leva-me para a alegria de seu reino celestial". Outro trecho diz: "Senhor Deus, eu te louvo por criar o homem, e ainda mais por restaurá-lo em Cristo. Teu Filho compartilha nossa fraqueza: faze com que eu compartilhe sua glória". Os trechos restantes da oração de novena são retirados dos dois prefácios de Natal: "Pai, no milagre da Encarnação, tua palavra eterna trouxe aos olhos da fé uma nova e radiante visão de tua glória" e "Olho algum pode ver sua glória como nosso Deus, mas agora ele é visto como alguém igual a nós".

Quaisquer reservas que se possa ter quanto ao mérito dessa abordagem deveriam ser ponderadas juntamente com outra consideração. Se a liturgia é o ápice e a fonte das devoções populares, não deveríamos esperar que a oração privada esteja imbuída dos pensamentos e palavras de textos litúrgicos?

---

[29] Cf. ABBEY OF OUR LADY OF MONTSERRAT, *Devotion in Honor of Sto. Niño*, Manila, 1986; *Devotion in Honor of Our Lady of Montserrat*, Manila, 1985; *Devotion in Honor of Saint Benedict*, Manila, 1979.

[30] Cf. L. LOVASIK, *Treasury of novenas*, New York, 1986, pp. 31-32.

Os traços gerais da religiosidade popular

A religiosidade popular, de acordo com Sartore, tem os seguintes traços:

> Ela está estreitamente vinculada com problemas e sentimentos humanos básicos; possui uma qualidade espontânea e criativa, que às vezes a distancia da doutrina e disciplina da Igreja; é tradicional em sua orientação; está muitas vezes associada com lugares específicos, expressões culturais e condições sociais específicas e com a disposição natural de um grupo específico; ela geralmente é apropriada para pessoas modestas e simples, embora não seja necessariamente o correlativo de privação social e cultural.[31]

C. Valenziano descreve sinteticamente as qualidades que caracterizam a religiosidade popular: "Ela é festiva, sentida, espontânea; é expressiva, imediata, humana; é comunitária, coletiva, alegre, simbólica, tradicional, viva".[32]

A caracterização da religiosidade popular proposta por Sartore é muito útil para nosso tema. Há, no entanto, um ponto que, como um todo, não se aplica a cada forma existente de religiosidade popular ou às pessoas participantes. Embora Sartore discorde da visão marxista de A. Gramsci a respeito da religiosidade popular, ele, não obstante, considera-a como algo geralmente apropriado para pessoas modestas e simples. Nas Filipinas, pelo menos, uma série de práticas religiosas populares pertence tradicionalmente à elite da sociedade. Exemplos dessas práticas são as procissões com imagens de propriedade particular e carroças ricamente adornadas, o cantar da *Pasyon*, que sempre envolve o contínuo servir de comida durante um dia inteiro, peregrinações a santuários marianos e encenações religiosas associadas com o Natal e a Semana Santa. As despesas com essas atividades estão simplesmente além do alcance da população comum. Logo, a interpretação de Gramsci a respeito da religiosidade popular como um fenômeno de evasão e compensação entre as camadas mais pobres da sociedade é

---

[31] Sartore, Le manifestazioni della religiosità popolare, p. 232.

[32] Valenziano, La religiosità popolare in prospettiva antropologica, p. 95.

contestada por esse fenômeno filipino, no qual tanto ricos quanto pobres estão envolvidos nas atividades da religiosidade popular.[33] Na realidade, somente os ricos podem iniciar atividades dessa proporção.

A observação precedente visa destacar que a inculturação da liturgia com a intenção de impregná-la com as qualidades vivas da religiosidade popular não tem necessariamente o efeito desfavorável de distanciar as elites da liturgia. A forma popular de culto, incluindo devoções como as novenas e o rosário, não pode ser considerada exclusivamente como o âmbito das pessoas simples e modestas. Em lugares onde a prática da religiosidade popular é vibrante, o setor instruído e profissional da sociedade está familiarizado com seus fenômenos e expressões. É por isso que a assimilação dos traços da religiosidade popular pela liturgia não levará necessariamente a um distanciamento por causa da posição social e do nível educacional das pessoas. Em vez disso, a questão se centrará na formação e preferências litúrgicas da pessoa. Provavelmente afetará mais os liturgistas do que as elites da Igreja local.

Sartore e C. Valenziano mencionam certas qualidades inerentes à religiosidade popular que deveriam entrar no processo da inculturação litúrgica. Elas são a espontaneidade, a festividade, a alegria e o empenho da comunidade. Quando se consideram as formas da religiosidade popular que vão desde os mais simples rituais de família até as mais aprimoradas procissões locais e apresentações teatrais, começa-se a compreender por que a liturgia tem de assimilar as qualidades da religiosidade popular. Os filipinos — e a documentação existente sobre o tema cita também os latino-americanos e as pessoas no sul da Espanha e da Itália — realizam certos atos de religiosidade com uma tendência característica para o drama e com uma despreocupação que beira a temeridade. Aqui eles soltam seu gosto contido pela celebração religiosa externa, que a gravidade da liturgia oficial não consegue satisfazer. Durante a Semana Santa, quando o resto do mundo católico parece estar de cara amarrada, os filipinos

---

[33] Cf. SARTORE, Le manifestazioni della religiosità popolare, n. 4, p. 232. Durante mais de uma década, o artigo Osservazioni sul folclore, de A. GRAMSCI, publicado em 1954, exerceu influência considerável sobre o pensamento italiano a respeito do assunto da religiosidade popular.

respiram o ar de festividade, de atividade comunitária, em resumo, de uma *fiesta* local. De sua maneira inimitável, são capazes de transformar a solene procissão da Sexta-feira Santa com as imagens de santos cheios de tristeza em uma fanfarra religiosa.

A questão que vem à mente a esta altura é se as qualidades da religiosidade popular mencionadas anteriormente são apropriadas para a liturgia. Marsili salienta que a forma, estilo e linguagem das devoções populares não exercem influência direta sobre sua capacidade de adquirir um caráter "litúrgico". A forma, estilo e linguagem da liturgia, diz ele, são questões que pertencem ao âmbito da adaptação cultural.[34] Nenhuma tradição pode reivindicar um monopólio sobre esses elementos. Algumas das coisas que a inculturação afeta são precisamente os aspectos externos da liturgia. Não é correto determinar se os traços da religiosidade popular são liturgicamente apropriados ou não unicamente com base na comparação com os traços clássicos da liturgia romana.

A consideração que se segue esclarece a questão levantada por Marsili. Enquanto a liturgia romana clássica manifesta as qualidades de ser breve, sóbria e direta, as liturgias orientais muitas vezes preferem fórmulas extensas de orações, ritos vivos e dramáticos e atos repetidos de veneração aos ícones. Há, em outras palavras, outras tradições litúrgicas além da romana. Hoje, à medida que o processo de inculturação começa a ganhar terreno em Igrejas locais, a forma clássica da liturgia romana é submetida a um tipo de modificação comparável ao que aconteceu entre os séculos VIII e X, quando o povo franco-germânico adaptou o Rito Romano clássico à sua cultura local. A partir daquele tempo, os *pedidos de desculpa*, que podemos descrever como orações auto-reprovatórias muito amadas pelo povo franco-germânico, tornaram-se um traço significativo da liturgia romana tomada de empréstimo. Um rápido exame dessas orações é suficiente para nos assegurar de que tanto sua estrutura quanto sua linguagem são claramente de origem devocional.

---

[34] Cf. Marsili, Liturgia e non-liturgia, p. 156.

A conclusão é que não seria exato emitir um juízo, baseado exclusivamente na liturgia romana clássica como padrão, sobre se uma determinada forma, estilo ou linguagem satisfaz as exigências da liturgia. Historicamente e na prática efetiva, o papel exercido pela cultura das Igrejas locais na formação da liturgia não é, de forma alguma, desprezível. Conseqüentemente, a forma, estilo e linguagem da religiosidade popular não deveriam ser considerados como inapropriados para o uso litúrgico meramente porque não mostram afinidade com a liturgia romana clássica. Quanto a isso, a concepção progressista de Marsili é verdadeiramente esclarecedora:

> A autenticidade da liturgia não pode ser julgada apenas pelo padrão da tradição ou sanção jurídica; a liturgia, contanto que seus elementos essenciais (revelar a Igreja e efetivar o mistério de Cristo) sejam mantidos intactos, pode ser expressa em formas que o povo de Deus, sob a liderança de seus pastores, considere mais apropriadas à sua situação histórica, cultural e psicológica.[35]

O processo de inculturar a liturgia no marco da religiosidade popular implica a recepção, por parte da liturgia, dos principais traços que caracterizam a religiosidade popular. Esses traços são, emprestando a descrição de Valenziano, festivos e dramáticos, espontâneos e criativos, pessoais, mas comunitários, do outro mundo, mas profundamente humanos, simbólicos, mas imediatos.

Os traços lingüísticos e rituais da religiosidade popular

Como a liturgia consiste em fórmulas e gestos, seria útil examinar mais de perto o tipo de linguagem e ritos empregado por várias formas de religiosidade popular.

Uma rápida olhada nos textos de novenas basta para nos levar à conclusão de que os liturgistas nada tiveram a ver com eles. Sua linguagem

---

[35] Ibid.

pertence a um tipo totalmente diferente de gênero literário. Enquanto a linguagem litúrgica romana é sóbria, direta e linear, a linguagem dos textos de oração das novenas é floreada, discursiva, ao ponto de divagar, e vividamente pitoresca. Além disso, enquanto as orações romanas tendem a se dirigir ao intelecto, as das novenas normalmente apelam aos sentimentos e emoções das pessoas. Diferentemente da forma romana de petição, ou da clássica oração introduzida por *ut*, que pode ser desconcertantemente direta, a forma peticionária usada nesses textos está envolta em palavras de auto-reprovação, adulação e em orações condicionais como "se te aprouver".[36]

Não é possível nem necessário examinar todas as novenas existentes para descobrir o tipo de gênero literário que empregam. Mas seria uma simplificação demasiada pensar que elas sejam todas iguais. As novenas são tão variadas quanto as pessoas que as criaram, os santos a quem se destinam e os motivos pelos quais são compostas. No entanto, há certos traços que elas têm em comum e que as distinguem da tradição eucológica romana. Esses traços, que enumeramos antes, são facilmente visíveis em várias das quarenta e cinco orações de novenas coletadas por Lovasik em seu *Treasury of novenas* [Tesouro de novenas].

A oração de novena ao Sagrado Coração contida nessa coletânea é uma excelente ilustração de como as devoções populares diferem da forma litúrgica do culto. Suas perguntas retóricas — um estilo totalmente desconhecido na tradição eucológica romana —, suas palavras de adulação e seu tom de familiaridade, que é absolutamente impensável na liturgia, são típicos do gênero literário específico das novenas. O texto dessa oração de novena merece um exame mais minucioso do que é possível aqui. Suas perguntas retóricas visam suscitar no coração do devoto um senso de confiança e segurança. "A quem posso me dirigir se

---

[36] Informações sobre os traços característicos da eucologia romana encontram-se em Th. KLAUSER, *A Short History of the Western Liturgy*, Oxford, 1979, pp. 37-44; veja também C. MOHRMANN, *Liturgical Latin: Its Origin and Character*, Washington, 1957; S. MARSILI, Liturgical Texts for Modern Man, *Concilium*, n. 2/5, pp. 26-35, 1969; M. AUGÉ, Principi di interpretazione dei testi liturgici, *Anamnesis*, Torino, 1974, v. 1, pp. 167-179[Ed. bras.: VV.AA., *A liturgia, momento histórico da salvação*, pp. 193-252].

não a ti, cujo Coração é a fonte de todas as graças e méritos? Onde eu deveria procurar se não no tesouro que contém todas as riquezas de tua bondade e misericórdia? Onde eu deveria bater se não à porta através da qual Deus se dá a nós e através da qual vamos até Deus?"[37]

Uma ousadia baseada em intimidade pessoal e fé resoluta subjaz às seguintes linhas: "Amado Jesus, creio firmemente que tu podes me conceder a graça que imploro, mesmo que isso exija um milagre".[38] No entanto, um espírito de deferência e simplicidade de coração, caso a oração não seja atendida, marca as linhas que se seguem: "Sagrado Coração, qualquer que seja tua decisão quanto ao meu pedido, jamais cessarei de te adorar, amar, louvar e servir".[39]

Uma característica literária que observamos freqüentemente em orações de novenas é o estilo discursivo que empregam para a instrução catequética ou moral. A longa oração de novena a Nossa Senhora de Lourdes contida na mesma coletânea exemplifica essa característica. Um trecho do texto afirma:

> Maria, Mãe de Deus, creio firmemente na doutrina da Santa Madre Igreja sobre tua Imaculada Concepção: ou seja, que tu foste, no primeiro instante de tua concepção, pela graça e privilégio singular de Deus, em vista dos méritos de Jesus Cristo, o Salvador do gênero humano, preservada imune da mácula do pecado original.[40]

A oração se torna mais discursiva à medida que avança: "Ao aparecer na Gruta de Lourdes, aprouve-te fazer dela um santuário privilegiado, de onde dispensas teus favores; e muitas pessoas que sofrem já receberam a cura de suas enfermidades, tanto espirituais quanto corporais".[41]

---

[37]   Lovasik, *Treasury of novenas*, p. 111.

[38]   Ibid., p. 112.

[39]   Ibid.

[40]   Ibid., p. 158.

[41]   Ibid., p. 159.

O estilo discursivo não é exclusividade das orações de novenas. Algo dele está presente também em alguns textos litúrgicos. Vários prefácios, as coletas das festas da Imaculada Conceição e da Assunção e a oração depois de cada leitura na Vigília Pascal, embora colocados no marco da eucologia romana, são indiscutivelmente discursivos e catequéticos. A diferença é que as fórmulas litúrgicas seguem uma estrutura bem definida e usam uma linguagem caracterizada por sobriedade e justa proporção.

A linguagem vívida e pitoresca é outra característica literária que muitas vezes encontramos nos textos da devoção popular. A oração de novena para Nossa Senhora do Perpétuo Socorro nos oferece um belo exemplo desse traço específico: "Nós também temos nossas cruzes e tribulações. Às vezes elas quase nos esmagam".[42] Um outro exemplo provém da *Pasyon*, que é uma obra-prima filipina de poesia religiosa popular. A seção que contém as lamentações de Nossa Senhora faz com que ela exclame, em uma efusão de ternura materna, enquanto olha para o corpo sem vida do filho:

> Não era este o corpo que lançava sua sombra sobre o céu e a terra?
> Por que se ofuscou e agora está sem vida?
> Meu Filho, não eram estas as mãos que erguias para abençoar a todos?
> Por que estão perfuradas e sangrando?
> Não era este o cabelo que eu costumava pentear?
> Por que ele está desalinhado e manchado de sangue?[43]

O texto lembra a linguagem de outro poema mariano, a seqüência *Stabat Mater*, também de origem e caráter devocional, que agora faz parte da liturgia romana.

A religiosidade popular se distingue do culto oficial da Igreja não somente na linguagem, mas também no rito. Várias formas de religiosidade popular, especialmente devoções, usam um conjunto de recursos para incentivar a participação ativa ou, pelo menos, uma realização animada

---

[42] *Perpetual Help Novena*, Parañaque, Manila, 1973, 8.

[43] *Kasaysayan ng Pasiong Mahal*, 171. A tradução do tagalo é do autor.

do rito. Alguns deles são a recitação conjunta de cada oração se uma assembléia está presente, o caráter repetitivo e as petições em forma de litania. Esses traços rituais não são, como um todo, compartilhados pela liturgia. As normas litúrgicas definem claramente o papel de cada um na assembléia hierárquica, de modo que a recitação de certas fórmulas é rigorosamente reservada ao presidente da assembléia. Além disso, a liturgia, especialmente depois da reforma conciliar, evita a repetição das mesmas fórmulas de oração. Seria muito estranho ouvir a oração de abertura repetida depois da oração universal ou cantar o Pai-Nosso duas vezes durante a Missa. A liturgia também reduziu ao mínimo a recitação de litanias ou as abreviou, como na liturgia batismal.

Em contraposição à liturgia, as novenas muitas vezes incluem as litanias apropriadas para cada uma, preferencialmente a forma mais longa, e quase invariavelmente instruem o devoto a recitar o Pai-Nosso, a Ave-Maria e o Glória-ao-Pai. A repetição de fórmulas familiares muitas vezes tem um efeito psicológico: tem-se o sentimento e a satisfação de ter proferido pessoalmente as orações. Como as devoções populares são, por natureza, privadas e destinadas à recitação individual, elas pouco ou nada levam em consideração o papel de quem conduz a oração, mesmo quando uma assembléia está presente. A recitação comunitária das novenas sempre deixa a impressão de que se orou de maneira pessoal ou inclusive sozinho. Isso contrasta com a prática litúrgica. Por exemplo, a Liturgia das Horas é muitas vezes "celebrada" sozinha, mas ela mantém tenazmente uma forma coral. A Missa, mesmo com a presença de um só dos fiéis, é igualmente "celebrada" como se uma grande assembléia estivesse participando.

Quanto aos gestos rituais, as devoções populares geralmente ligam a postura de estar ajoelhado com a oração de petição. Ajoelhar-se na Missa tem mais a finalidade de expressar reverência. É por isso que esse gesto é prescrito na hora da consagração. A oração universal, que é peticionária por natureza, é recitada em pé.[44] Existe uma exceção. Na oração universal da Sexta-feira Santa, as pessoas, por orientação da conferência dos bispos,

---

[44] Cf. *Instrução geral sobre o Missal Romano*, n. 43.

podem se ajoelhar e orar silenciosamente por algum tempo depois que cada intenção é anunciada, ou podem se ajoelhar ou ficar de pé durante o período inteiro das preces.[45] A liturgia, como as novenas, também prescreve o ajoelhar-se durante a Litania dos Santos quando é recitada fora do domingo e da época da Páscoa.[46] Lembramos que a Litania dos Santos era originalmente uma oração responsorial popular.

Espera-se que as devoções populares se realizem na frente da imagem do santo que está sendo invocado. A novena a Nossa Senhora do Perpétuo Socorro instrui as pessoas impossibilitadas de participar da devoção na igreja por causa de doença a rezar a novena em casa diante da imagem de Nossa Senhora do Perpétuo Socorro.[47] Parece que as imagens sagradas são mais do que meros acessórios da religiosidade popular. A via-sacra, que por definição implica movimento de uma estação para outra, pode ser feita em um mesmo local fixo por falta de espaço. Mas haveria via-sacra sem, ao menos, as cruzes? A maioria das procissões não seria concebível sem imagens. A proliferação de imagens sagradas em igrejas e casas é sinal de uma vida devocional vibrante dos fiéis. Elas não são artefatos decorativos: são objetos de devoção. E embora nossa teologia ocidental não se aproprie do ensino de são João Damasceno de que as imagens sagradas são "canais" da graça divina à maneira dos sacramentos, os fiéis comuns que veneram imagens sagradas as consideram não como meras representações, mas como uma presença, por mais vago que possa ser o conceito de "presença", das pessoas que elas representam.

Diferentemente da religiosidade popular, a liturgia romana faz pouco uso de imagens sagradas. Em relação a isso, SC 125 pede que se observe a seguinte restrição: "Mantenha-se o uso de expor imagens nas igrejas à veneração dos fiéis. Sejam, no entanto, em número comedido e na ordem devida, para que não causem admiração ao povo cristão nem favoreçam devoções menos corretas". A *Instrução geral sobre o Missal*

---

[45] *Missal Romano*, Sexta-feira da Paixão do Senhor.

[46] *Ordo professionis religiosae*, Cidade do Vaticano, 1965, n. 66, p. 70; *De ordinatione episcopi, presbyterorum et diaconorum*, Cidade do Vaticano, 1990, n. 42, p. 15; *Missale Romanum*, n. 39, p. 281.

[47] Cf. *Perpetual Help Novena*, 2.

Romano dá a seguinte interpretação a essa norma conciliar: "Cuide-se que o seu número não aumente desordenadamente, e sua disposição se faça na devida ordem, a fim de não desviarem da própria celebração a atenção dos fiéis".[48] O *Rito de dedicação de igreja* acrescenta que "não se coloquem nas novas igrejas efígies ou imagens de santos sobre o altar".[49] Em resumo, o número de imagens sagradas nas igrejas deveria ser limitado, elas não deveriam ser expostas com demasiada proeminência, e deveria haver somente uma imagem de cada santo. Com exceção da cruz, que pode ser colocada ou sobre o altar ou perto dele, a liturgia romana parece ter pouca simpatia por imagens sagradas.[50]

A impressão dada por essas normas litúrgicas é de que as imagens sagradas, à parte o perigo de superstição que representam continuamente, desviam a atenção dos fiéis da celebração. Essa atitude de severidade diante do uso de imagens sagradas é compreensível à luz dos exageros pré-conciliares que diminuíam consideravelmente a importância da liturgia e da participação ativa. As devoções populares consideram as imagens sagradas sob uma luz diferente. Não há competição entre as imagens e a oração devocional. Antes, a presença de imagens sagradas ajuda os devotos a fixar sua atenção mais firmemente naquilo que rezam. As imagens sagradas não distraem; elas intensificam a oração e devoção. É óbvio que essa consideração não se aplica em lugares onde a religiosidade popular não faça parte da vida de oração da comunidade. Porém, em Igrejas locais onde a religiosidade popular está viva, talvez seja necessário revisar as normas sobre o uso de imagens sagradas na liturgia para fomentar um espírito maior de devoção e uma participação mais ativa nas celebrações litúrgicas.

A encenação religiosa popular — como seus predecessores medievais, dos quais alguns faziam claramente parte da liturgia, como a peça *Peregrinus* durante o Ofício Divino em monastérios — é fortemente

---

[48] *Instrução geral sobre o Missal Romano*, 318.

[49] *Ritual da dedicação de igreja e de altar*, cap. 4 (Ritual da dedicação de altar), n. 10.

[50] Cf. *Instrução geral sobre o Missal Romano*, p. 308.

mimética em sua expressão. O *script* do *Peregrinus* medieval, por exemplo, orienta os atores a "caminhar de um lado para o outro parecendo tristes" enquanto se narra o evangelho de Emaús. A peça *Hortulanus*, que encena o encontro do Cristo ressurreto com Maria Madalena, instrui a pessoa que representa o papel de Maria a "caminhar devagar como que à procura de algo, imitando Maria Madalena".[51] A importância da mimese ou imitatividade aumenta especialmente por causa da maneira como a encenação religiosa é apresentada. O *cenaculo* e o *encuentro* são representações dramáticas mediante imitação realista. Inclusive se faz com que as imagens do Cristo ressurreto e de Nossa Senhora se curvem uma para a outra no *encuentro* em sinal de saudação pascal. Em alguns lugares, faz-se com que a cabeça da imagem do Cristo crucificado, por algum mecanismo, se curve quando é lida a passagem de João 19,30 na proclamação da Paixão na Sexta-feira Santa. A encenação religiosa não é somente mimética, mas também realista, às vezes ao ponto de, infelizmente, se tornar vulgar. Está claro que a religiosidade popular não tem apreço por formas abstratas.

É claro que a liturgia romana não é inteiramente necessitada de encenação e mimese. A rubrica para a narração da instituição na Missa orienta o sacerdote a tomar o pão e o cálice enquanto recita as palavras "ele tomou o pão" e "ele tomou o cálice". Quando das palavras "elevando os olhos para o céu" do Cânone Romano, o sacerdote é instruído a olhar para cima. A procissão do Domingo de Ramos e o lava-pés na Quinta-feira Santa são outros exemplos óbvios de mimese na liturgia romana. A essa lista podemos acrescentar a proclamação da Paixão, que é um tipo dramático de leitura. Certamente a encenação e a mimese não são originais da liturgia romana. O que se pode perceber com esses exemplos aleatórios é que a forma clássica da liturgia romana não foi insensível a expressões populares.

---

[51] A. CHUPUNGCO, Anamnesis and Mimesis in the Celebration of Easter Sunday, *Studia Anselmiana*, Roma, n. 102, pp. 263-268, 1990.

A partir dos dados que examinamos até agora, pudemos identificar os traços principais da religiosidade popular. Estes são, primeiro, seu gênero literário, que se caracteriza pela qualidade discursiva e pitoresca; segundo, seu uso de imagens sagradas; terceiro, sua preferência por recursos para a participação como, por exemplo, o caráter repetitivo e a recitação comunitária; e, quarto, seu emprego de formas de encenação que são, muitas vezes, fortemente miméticas ou imitativas.

A tarefa do liturgista é estudar como esses traços podem influenciar a forma da liturgia romana naquelas Igrejas locais onde a religiosidade popular viceja com vigor. É óbvio que nem todo elemento da religiosidade popular é liturgicamente adequado ou inclusive capaz de expressar a natureza e o propósito da liturgia. Também é evidente que não podemos, em nome da adaptação ou inculturação, transformar a liturgia em uma forma de religiosidade popular. Mas tampouco podemos continuar a ignorar o abismo existente entre o culto oficial *da* Igreja e o culto popular *na* Igreja. A diferença entre os dois sempre tem de existir, e a inculturação não deve erradicá-la, para que não se crie um desequilíbrio irreparável na vida de oração da Igreja. Mas o abismo entre eles deve ser transposto para tornar a liturgia mais acessível às pessoas e a religiosidade popular mais rica em doutrina e espiritualidade, ou, nas palavras do *Documento de Puebla*, para produzir "uma mútua fecundação entre liturgia e piedade popular".

A religiosidade popular e o método da inculturação

Um princípio importante da inculturação é que ela não deve nem debilitar nem prejudicar a identidade de qualquer uma das partes envolvidas. Inculturação significa enriquecimento mútuo, não destruição. Ela opera de acordo com o princípio da transculturação. No processo de interação e assimilação mútua, as partes evoluem e sofrem transformação sem entrar, com isso, em uma crise de identidade.[52] Lembramos que a fórmula para a inculturação, que expusemos no primeiro capítulo desta obra, ou seja, A + B = C, significa que, graças ao processo de assimilação mútua, A e B se transformam em C, porém, por causa do princípio da transculturação, A e B retêm sua identidade.

Em outras palavras, deveríamos tomar o cuidado de não reduzir a liturgia, em nome da inculturação, a uma forma de religiosidade popular ou, inversamente, converter o exercício da religiosidade popular numa ação litúrgica. Sobretudo, deveríamos ter o cuidado de não suprimir as devoções populares em nome da renovação litúrgica, como se elas representassem uma ameaça para a integridade do culto. Em relação a isso, o papa Paulo VI criticou fortemente

> a atitude de alguns a quem está confiada a cura de almas, que, aprioristicamente, desprezam os exercícios de piedade, se bem que recomendados pelo Magistério quando feitos na forma devida; e, por isso, transcuram-nos e criam um vazio que não providenciam a preencher de nenhuma maneira. Ora, estes que assim procedem esquecem que o concílio diz que se harmonizem os exercícios de piedade com a liturgia e não que se suprimam simplesmente.[53]

Não obstante, não deixa de ter certa validade a afirmação feita por Marsili de que, em casos específicos, a autoridade da Igreja pode declarar que algumas das devoções populares existentes — inclusive em sua forma e estilo popular atual — são celebrações litúrgicas.[54] De acordo com ele, não existe algo assim como uma única forma padrão da liturgia. Embora a reforma litúrgica do Vaticano II tenha optado pela forma clássica, ela não fechou a porta para outras formas possíveis. De fato, é disso que tratam os números 37-40 da constituição sobre a liturgia. Portanto, o fato de que a linguagem e os elementos rituais da religiosidade popular são alheios ao caráter da liturgia romana clássica não é uma premissa para

---

[52] Cf. A. CHUPUNGCO, *Liturgias do futuro: processos e métodos de inculturação*, São Paulo, 1992, pp. 37-38.

[53] PAULO VI, *Marialis cultus*, n. 31.

[54] Cf. MARSILI, Liturgia e non-liturgia, p. 156 [Ed. bras.: VV.AA., *A liturgia, momento histórico da salvação*, São Paulo, 1986, pp. 167-192, Anamnesis 1].

excluí-los do âmbito da liturgia. A questão do que é litúrgico e do que não é se baseia, em última análise, na autoridade da Igreja.

A esta altura talvez seja útil observar que o ponto de vista defendido por Marsili realmente transcende a esfera da inculturação. Na realidade, ele não aborda a questão de introduzir traços pertinentes e apropriados da religiosidade popular na liturgia. Em outras palavras: ele não lida com a inculturação. Antes, com base em fatos históricos, fala do poder da autoridade da Igreja de declarar que uma dada forma da religiosidade popular, como o rosário ou uma procissão, deve, mesmo sem submetê-la previamente a uma transformação litúrgica, ser considerada um rito litúrgico, ou seja, incluída entre as celebrações oficiais *da* Igreja. No contexto do presente estudo, não denominaríamos esse processo de "inculturação", mas de "agregação".

O método da equivalência dinâmica

A inculturação, como vimos anteriormente, significa que, pelo princípio da transculturação, as formas da religiosidade popular não são alçadas para o *status* e a dignidade da liturgia, e a liturgia não se torna meramente uma outra forma de religiosidade popular. Um método que pode assegurar a observância da transculturação é a equivalência dinâmica. Vimos que esse método consiste basicamente em substituir a estrutura, linguagem e rito da liturgia romana por elementos culturais que tenham um sentido ou valor igual e sejam capazes de transmitir a mensagem intencionada pela liturgia romana. Aplicando isso ao assunto em pauta, podemos considerar as formas e traços característicos da religiosidade popular como os elementos culturais que entram na dinâmica da interação com a liturgia. O que o método da equivalência dinâmica visa é fazer com que a liturgia romana deixe de lado sua forma clássica e assuma as qualidades e formas de expressão típicas da religiosidade popular.

A equivalência dinâmica não é uma questão de introduzir as formas da religiosidade popular como devoções, procissões, encenação e dança na celebração litúrgica através do método da aculturação, embora não devêssemos excluir esse método *a priori*. A aculturação é, afinal, uma abordagem válida da questão, mesmo que ela tenha as limitações que apontamos anteriormente. Tampouco se deve excluir o método de alçar certas formas da religiosidade popular ao *status* de um rito litúrgico através da agregação. A equivalência dinâmica, que nem a aculturação nem a agregação empregam como método, opera pela assimilação dos traços característicos, e não das formas, da religiosidade popular.

A liturgia resultante do uso da equivalência dinâmica não agradará necessariamente os historiadores da liturgia romana, que têm uma predileção especial por coisas que são clássicas, mas ela certamente terá um apelo popular. Podemos caracterizar essa liturgia, para tomar emprestada a descrição da religiosidade popular proposta por Valenziano, como "festiva, sentida, espontânea; expressiva, imediata, humana; comunitária, coletiva, alegre, simbólica, tradicional, viva". Provavelmente poderíamos chamá-la de "liturgia popular", em contraposição à "liturgia clássica", porque seu padrão de pensamento, linguagem e ritualização não será em nada diferente do padrão que observamos na religiosidade popular. Sua linguagem não terá o caráter medido, hierático e sóbrio da liturgia clássica. Ela se caracterizará por calor e toque humano, expressões coloridas e aformoseamentos aprimorados. Seus gestos rituais serão regulados não pelas normas-padrão da liturgia romana clássica, mas pelas tradições vivas da religiosidade popular.

Espera-se que a perspectiva do surgimento de um tipo popular de liturgia não vá causar assombro entre os reformadores litúrgicos pós-conciliares. Se uma liturgia popular alguma vez se tornar uma realidade naquelas Igrejas locais onde a religiosidade popular é uma parte integrante da vida cristã de culto, naturalmente não seria a primeira vez. A liturgia franco-germânica do século VIII foi profundamente influenciada por elementos da religiosidade popular. Os *pedidos de desculpa*, que se infiltraram na liturgia romana, são uma prova inconteste disso.

Mas uma liturgia popular ainda seria a liturgia da Igreja Romana? A pergunta não é, em absoluto, fácil de responder. Se considerarmos a forma clássica ou, em qualquer caso, a forma apresentada pelas edições típicas dos livros litúrgicos como um elemento essencial da liturgia romana, a resposta é bastante óbvia. Mas a forma clássica é essencial para a liturgia romana do Vaticano II ou, pelo menos, para a família da liturgia romana? Marsili, cuja reflexão sobre o assunto tivemos oportunidade de mencionar anteriormente, não pensa dessa maneira. De fato, os historiadores consideram a liturgia franco-germânica do século VIII como um tipo da liturgia romana, certamente não pura e clássica, mas não obstante romana. O nome que apõem ao *Pontifical romano-germânico* do século X evidencia seu pensamento. Além disso, o formato da liturgia medieval codificado pelos reformadores tridentinos não podia estar mais distante da forma clássica do Rito Romano. Por fim, as próprias edições típicas do Vaticano II contêm uma seção sobre normas para adaptar a liturgia romana à cultura e às tradições de vários povos. Sabemos que a adaptação cultural, ou a inculturação, modifica necessariamente o formato clássico da liturgia.

Concluímos destas considerações que, historicamente e na legislação efetiva, o conceito de liturgia romana não inclui a forma clássica como um de seus elementos integrantes e, muito menos, essenciais. Portanto, as qualidades populares inspiradas pela religiosidade popular não diminuem necessariamente o *status* oficial de um rito litúrgico. O que parece ser a condição que qualifica uma forma específica de culto para que ela possa ser considerada liturgia romana é a adesão ao conteúdo doutrinário e espiritual apresentado pelas edições típicas dos livros litúrgicos. A fidelidade ao conteúdo é a principal consideração aqui, e o método da equivalência dinâmica oferece precisamente a certeza de que o conteúdo seja preservado e transmitido fielmente no processo de mudança. O que é modificado é a forma, o padrão de pensamento e linguagem, a expressão cultural. A inculturação é um tipo de tradução dinâmica: ela não altera o conteúdo, mas o reexpressa.

A esta altura, seria útil esclarecer o que é e o que não é a equivalência dinâmica em relação à religiosidade popular. A equivalência dinâmica não significa combinar ou fundir com celebrações litúrgicas formas de religiosidade popular como, por exemplo, as procissões, o rosário e as novenas, o que resultaria numa correspondente perda de sua identidade. A equivalência dinâmica não é idêntica ao conceito de agregação de Marsili, através do qual certas formas de devoção popular são alçadas à posição de ritos litúrgicos. Tampouco é uma assimilação integral ou parcial de devoções populares. Algumas pessoas leram mal SC 13 e o aplicaram mal, combinando a Missa e as devoções populares, como as novenas e o rosário, em uma celebração híbrida. O papa Paulo VI soou corretamente o alarme quando advertiu que essa prática poderia acabar transformando o memorial do mistério pascal em um simples cenário para alguma devoção popular: "Àqueles que assim procedem quereríamos recordar que a norma conciliar prescreve que se harmonizem os piedosos exercícios com a liturgia e não que se confundam com ela".[55] Em lugares em que se fez isso, a inspiração foi tomada da prática de integrar o Ofício Divino com a Missa. Isso significava que a litania e a oração da novena tomavam o lugar da oração universal, enquanto os cantos da novena eram distribuídos pelas diferentes partes da Missa.

A equivalência dinâmica nada tem a ver com esses métodos de "inculturação". Ela opera de maneira totalmente diferente. Analisa as formas e os traços característicos da religiosidade popular, identificando aqueles elementos que possam influenciar a forma de um rito litúrgico. Isso significa que as várias formas de religiosidade popular, como novenas e procissões, ou seus traços lingüísticos e rituais não são inseridos no rito litúrgico, tornando-se com isso parte dele. A incorporação física (a expressão é redundante) e a inspiração são dois modos diferentes de assimilação. A equivalência dinâmica sente-se mais à vontade com esta última. O peso da religiosidade popular sobre a liturgia é sentido mais como uma inspiração do que como uma imposição.

---

[55] PAULO VI, *Marialis cultus*, n. 31; cf. CASTELLANO, Religiosidade popular e liturgia, pp. 1.019-1.021.

O objetivo a ser alcançado através da equivalência dinâmica é dar uma expressão popular aos textos, ritos e símbolos litúrgicos inspirando-se na religiosidade popular. As fórmulas da liturgia não são transpostas em orações de novena. Conservam seu caráter eucológico, ou seja, os elementos de anamnese e epiclese, ou petição. Os prefácios retêm sua estrutura básica, consistindo em um exórdio, embolismo e fórmula de conclusão.[56] Além disso, seu conteúdo doutrinário, que é apresentado pelo *Sacramentário Romano*, é preservado. Mas a equivalência dinâmica muda o gênero literário dessas fórmulas do clássico para o popular. Eles deixam de empregar as figuras retóricas clássicas de antítese, paralelismo, redundância, rima e *cursus*. Seu gênero literário assimila as qualidades discursivas, floreadas, pitorescas e repetitivas da literatura religiosa popular.

Através da equivalência dinâmica, o aspecto ritual da liturgia também passa por uma transformação. É óbvio que os diferentes movimentos e a postura de ficar de pé, ajoelhar ou sentar continuam a significar a comunidade e a unidade da assembléia e a expressar e fomentar a atitude espiritual das pessoas que tomam parte na celebração litúrgica.[57] Também o ofertório e as procissões eucarísticas retêm tanto seu caráter funcional quanto simbólico. Não se tornam um exercício de devoção eucarística. As partes encenadas e miméticas da celebração igualmente continuam a narrar, de uma forma viva, os eventos salvíficos. Mas não se tornam uma ocasião para atores fantasiados se envolverem em apresentações teatrais. O aspecto que se quer ressaltar é que algumas das qualidades rituais da religiosidade popular podem, através do uso prudente da equivalência dinâmica, aliviar algumas das nossas celebrações litúrgicas da rigidez das rubricas e temperá-las com uma dose de espontaneidade, vivacidade, cor e calor humano.

---

[56] Cf. M. Augé, Principi di interpretazione dei testi liturgici, *Anamnesis*, Casale Monferrato, 1988, v. 1, pp. 171-178 [Ed. bras.: VV.AA., *A liturgia, momento histórico da salvação*, pp. 193-252].

[57] Cf. *Instrução geral sobre o Missal Romano*, 3. ed., n. 42.

A inculturação deveria ser o processo normal para inserir expressões religiosas populares na liturgia, e a equivalência dinâmica o método apropriado para assegurar que o conteúdo da liturgia seja devidamente salvaguardado. Contudo, a equivalência dinâmica não é oficialmente o método exclusivo de inculturação. Em 1971, a Congregação para o Culto Divino permitiu aos filipinos uma prática que aparentemente não tem precedente na história recente; permitiu que o *encuentro* tomasse o lugar do rito de entrada da Missa no amanhecer da Páscoa.[58] O *encuentro* é tanto encenação quanto procissão, com um formato ritual bem definido. Diferentemente da procissão do Domingo de Ramos, não possui coisa alguma que o possa qualificar como litúrgico, exceto a antífona *Regina Coeli* cantada pelo "anjo". Diferentemente das encenações medievais, não emprega os ministros litúrgicos como atores, tampouco é realizado na igreja durante uma celebração litúrgica. Mas é uma procissão semelhante ao Domingo de Ramos e é, estritamente falando, não uma devoção popular, mas encenação. Essas são algumas considerações que justificam que ele seja integrado à celebração da Missa.

De um ponto de vista metodológico, esse método de combinar o *encuentro* com a Missa, embora o resultado seja um avanço significativo na tensa relação entre liturgia e religiosidade popular, não satisfaz as exigências da inculturação. O que encontramos aqui não é inculturação, mas aculturação, ou seja, uma justaposição de um rito litúrgico e uma forma de religiosidade popular. Diferentemente da inculturação, a aculturação não incentiva a assimilação mútua. Enquanto a procissão do Domingo de Ramos está agora plenamente integrada à liturgia da Missa, o *encuentro* permanece uma encantadora pequena encenação situada em algum ponto na procissão do amanhecer da Páscoa, antes da celebração da Missa. Mas é um elemento bastante estranho na Missa romana, que nada tem a dizer sobre o suposto encontro entre o Cristo ressurreto e sua mãe. No entanto, a religiosidade popular tem de satisfazer o sentimento

---

[58] Cf. *The Liturgical Information Bulletin of the Philippines*, v. 6, pp. 32-33, mar.-abr. 1971.

humano de piedade encenando um encontro que somente a devoção filial foi capaz de registrar.

A religiosidade popular e os textos litúrgicos

Na prática, como opera a equivalência dinâmica? Estudos feitos sobre a coleta de Natal *Deus, qui humanae substantiae dignitatem*, atribuída ao papa Leão I, informam-nos de seus aprimorados traços retóricos bem como de seu sublime conteúdo teológico, que destaca a dignidade humana contra as afirmações opostas dos maniqueus.[59] Mas, como fórmula, a coleta está destituída de sentimentos humanos e imagens. De fato, sua prótase nem mesmo alude ao nascimento de Cristo, enquanto sua apódose, apesar de toda a sua riqueza teológica, quase não sugere que estamos celebrando o Natal. Porém, nessa coleta, encontramos as premissas necessárias para uma possível interação entre textos litúrgicos e a linguagem da religiosidade popular. As figuras retóricas da vivacidade, redundância, repetição e som dão à coleta uma elegância literária clássica. E são essas figuras retóricas que abrem a porta para a equivalência dinâmica, para a possibilidade de substituí-las pelo gênero literário que é próprio da religiosidade popular. Em outras palavras, a vivacidade dessa coleta latina dá prontamente lugar à linguagem pitoresca empregada pela religiosidade popular — sua redundância dá lugar à discursividade; sua repetição ao caráter repetitivo; e seu som à vistosidade. As qualidades literárias da fórmula leonina não se perdem totalmente; antes, elas são dinamicamente traduzidas.

Quanto ao conteúdo, os estudiosos nos dizem que o texto latino enfoca nossa natureza humana, à qual Deus conferiu uma nova dignidade através da encarnação de Jesus Cristo. A dignidade humana é a idéia-chave dessa fórmula, assim como ela também é o pensamento que perpassa várias das homilias do papa Leão I. O Natal, de acordo com essa coleta, foi o momento em que Deus restaurou nossa dignidade enviando

---

[59] Veja o estudo de A. Echiegu, *Translating the Collects of the* Sollemnitates Domini *of the* Missale Romanum *of Paul VI in the Language of the African*, Münster, 1984, pp. 122-227.

Cristo ao nosso mundo para se tornar um de nós. Essa doutrina não está ausente do pensamento popular, mas é expressa de outra maneira. Na religiosidade popular, o Natal significa a manjedoura em que o Filho de Deus foi deitado. Por mais ricamente que a manjedoura seja adornada, sempre é o símbolo da pobreza e indignidade humana, que Deus se dignou visitar e enaltecer. Pode parecer estranho, mas a equivalência dinâmica da dignidade humana na religiosidade popular é a manjedoura de Natal. Por conseguinte, alguma alusão, mesmo que apenas rápida, à manjedoura e ao que ela simboliza não apenas enriquecerá a coleta com uma qualidade pitoresca e tradicional, mas, em última análise, também traduzirá o texto latino mais fielmente.

Para obter um retrato mais claro do ponto de encontro entre liturgia e religiosidade popular, talvez seja útil mostrar aqui a coleta leonina e um texto representativo de uma coletânea de fórmulas religiosas populares para o Natal. Normalmente a coleta latina original deveria ser o *terminus a quo* litúrgico, porém, para fins de comparação textual, a tradução inglesa de 1974 da coleta será suficiente. Ao ler os dois textos, dever-se-ia ter em mente o gênero literário específico de cada texto e fazer uma observação mental de como a fórmula religiosa popular poderia influenciar o conteúdo e a expressão literária da coleta.

A coleta em inglês, que necessita muito de uma revisão por causa de sua linguagem excludente, diz:

Lord God,	Senhor Deus,
we praise you for creating man,	nós te louvamos por criar o homem,
and still more for restoring him in Christ.	e ainda mais por restaurá-lo em Cristo.
Your Son shared our weakness:	Teu Filho compartilhou nossa fraqueza:
may we share his glory.[60]	que nós compartilhemos sua glória.

O outro *terminus a quo*, uma oração de novena para o Natal, é composto de vários parágrafos. Os trechos pertinentes dizem:

---

[60] *The Sacramentary*, New York, 1974, p. 44.

Em tua manjedoura vejo o amor mais maravilhoso que jamais existiu — o amor de Deus se humilhando tanto para pedir o amor de nossos corações. Dá-me a graça de amar-te em troca com um amor profundo, verdadeiro e pessoal.

Que eu venha zelosa e freqüentemente para me unir estreitamente contigo em teu Sacramento de Amor. A igreja será minha Belém; o altar, a manjedoura; as espécies sagradas do pão e vinho, as faixas pelas quais posso te reconhecer como meu Deus, e sob as quais eu posso, como o fizeram Maria e José e os pastores, tomar-te em meus braços; e inclusive receber-te em meu coração — uma graça pela qual até mesmo os anjos me invejam.

Jesus, a partir da manjedoura tu ensinas ao mundo a verdadeira dignidade da humildade. Pobreza, sofrimento e humilhação encontram-se junto à tua cruz e junto à tua manjedoura.[61]

Não é necessário entrar na mecânica de como o gênero literário e o conteúdo da oração de novena para o Natal podem introduzir vivacidade e cor na fórmula litúrgica. Em várias oportunidades, abordamos essa questão específica. O que talvez seja oportuno destacar aqui é o uso extenso da alegoria na oração da novena. Embora a liturgia medieval não desconhecesse esse tipo de interpretação, a Igreja muitas vezes mostrou uma atitude reticente em relação a ela. A interpretação alegórica, que floresceu na escola de Alexandria durante o período patrístico, despertou grande simpatia entre as pessoas comuns durante a Idade Média. Surpreende que ela seja escassamente empregada pela religiosidade popular. De fato, a religiosidade popular tende a ler as narrativas bíblicas de forma bastante literal, como podemos observar em suas encenações e representações.

O método da equivalência dinâmica pode ser aplicado quando se lida com quase qualquer fórmula litúrgica. Por exemplo, a oração dos fiéis, ou oração universal, tem todos os elementos necessários para a interação com a religiosidade popular. Em geral, seus elementos básicos também são compartilhados pelas orações de petições que se encontram em livros de orações devocionais. De acordo com o *Concilium* pós-conciliar, a oração

---

[61] LOVASIK, *Treasury of novenas*, p. 34.

dos fiéis tem as seguintes características: "É uma petição dirigida a Deus; é uma petição a Deus que implora principalmente bênçãos de natureza universal; pertence à congregação toda".[62] Por ser estruturada, formal e direta, ela difere do tipo devocional de petições, que são geralmente discursivas, condicionais e pessoais.

No processo de inculturação, certos elementos da oração dos fiéis naturalmente têm de ser preservados. A tradição romana exige que seja dirigida a Deus-Pai através de Cristo. A oração abrange as necessidades gerais da Igreja, da nação, do mundo e da comunidade. Não é uma oração privada, mas uma forma pública de petições, mesmo que as pessoas, como na Sexta-feira Santa, permaneçam em silêncio, exceto quando respondem "amém". À parte dessas condições, não há limite para a maneira como a religiosidade popular pode influenciar a forma da oração dos fiéis. As petições diretas das fórmulas romanas, que talvez aparentem, para alguns grupos, conter uma nota de descortesia por causa do uso freqüente do imperativo, podem ser expressas em algum estilo deferencial típico das orações de novenas. A atitude de deferência e respeito é exemplificada pela oração de novena ao Imaculado Coração de Maria: "Caríssima Mãe, se aquilo que peço não estiver de acordo com a vontade de Deus, ora para que eu receba o que seja de maior benefício para minha alma".[63]

Não estamos sugerindo que a oração dos fiéis devesse consistir normalmente em orações condicionais, mas certa atitude deferencial tampouco deveria estar totalmente ausente dela. É óbvio que aquilo pelo qual a Igreja reza durante a liturgia jamais será contrário à vontade de Deus, mas a religiosidade popular sempre deixa prudentemente alguma margem para sua realização. Ela expressa abertamente o que a liturgia apenas deixa implícito: Deus é livre para fazer como lhe aprouver, e nós deveríamos estar prontos a aceitar o que Deus quer. Esse sentimento parece ser a razão subjacente para o uso de orações condicionais em orações de novena.

---

[62] CONCILIUM, The Universal Prayer or Prayer of the Faithful, n. 2.

[63] LOVASIK, *Treasury of novenas*, p. 164.

A religiosidade popular também pode influenciar e modificar o estilo direto que muitas vezes caracteriza a oração dos fiéis. A pertinência rigorosa e o uso parcimonioso de palavras têm um efeito peculiar sobre as fórmulas romanas: parecem uma lista de compras. Há uma notável exceção para isso, ou seja, a oração universal na Sexta-feira Santa. À parte disso, os textos para a oração dos fiéis propostos como amostra pelo *Missal Romano* são um exemplo genuíno da *sobrietas romana*.

> Pela santa Igreja de Deus:
> que o Senhor a guie e proteja,
> oremos ao Senhor.
> Por todos os povos do mundo:
> que o Senhor os una em paz e harmonia,
> oremos ao Senhor.
> Por nossos irmãos e irmãs em necessidade:
> que o Senhor os socorra,
> oremos ao Senhor.[64]

A antítese da *sobrietas romana* é uma sinuosidade típica das fórmulas empregadas para as devoções populares. Os trechos seguintes das petições dirigidas ao Imaculado Coração de Maria são amostras aleatórias do que pode ser chamado de "discursividade conversacional", que alguns liturgistas romanos provavelmente descreverão como nada mais do que uma loquacidade digressiva ou desconexa:

> Maria, eu admiro aquela profunda humildade que perturbou teu Coração bendito por ocasião da mensagem do Anjo Gabriel, quando ele anunciou que tu tinhas sido escolhida para ser a Mãe do Filho do altíssimo Deus. Tu te consideraste apenas a humilde serva de Deus. Envergonhado por causa de meu próprio orgulho, peço-te a graça de um coração contrito e humilde para que eu reconheça minha miséria e alcance a glória prometida aos verdadeiramente humildes de coração.

---

[64] *The Sacramentary*, 992.

Bendita Virgem, guardaste em teu Coração o tesouro precioso das palavras de Jesus teu Filho e, meditando sobre os mistérios sublimes que elas continham, viveste somente para Deus. Como estou envergonhado de minha frieza de coração! Caríssima Mãe, obtém para mim a graça de meditar sempre sobre a santa lei de Deus e de procurar seguir teu exemplo na prática fervorosa de todas as virtudes cristãs.[65]

Esse tipo de petição pertence obviamente a um gênero literário que é absolutamente alheio à forma romana clássica de oração intercessora. No entanto, como observamos anteriormente, a forma clássica não é a única forma litúrgica possível. Seria difícil apresentar qualquer objeção válida baseada na tradição litúrgica a um tipo de oração dos fiéis cuja estrutura e linguagem tenham sido inspiradas pela religiosidade popular. É claro que deveríamos ter cuidado com o tipo de discursividade na oração que se torna sermonística ou homilética. Mas esse é um perigo que podemos observar em orações litúrgicas extensas que foram compostas, inclusive sem a influência direta da religiosidade popular, com a finalidade imediata de servir para instrução ou edificação em vez de adoração.

A religiosidade popular e os ritos litúrgicos

Não somente os textos litúrgicos, mas também gestos e símbolos podem adquirir, através da equivalência dinâmica, caráter popular. A liturgia jamais reconheceu a existência da manjedoura de Natal e da lanterna significando a estrela de Belém. Enquanto a liturgia da Páscoa tem sua vela pascal e fonte batismal, a liturgia de Natal é singularmente desprovida de símbolos e imagens. Porém, na realidade, que igreja não tem uma manjedoura de Natal? Em muitas partes do mundo, a manjedoura parece ser o elemento central da Missa da meia-noite, e a cerimônia solene de deitar a criança na manjedoura, o ponto alto da celebração. Durante a época da Páscoa, a liturgia presta atenção especial à vela pascal, que simboliza a luz do Cristo ressurreto. De fato, o *Exsultet* da Páscoa é um

---

[65] LOVASIK, *Treasury of novenas*, p. 165.

laus cerei. Em contraposição a isso, a religiosidade popular introduziu sua própria contrapartida, a imagem do Cristo ressurreto segurando o estandarte branco da vitória e erguendo a mão direita para conceder a bênção da paz. Em lugares onde a religiosidade popular floresce, que imagem poderia ter um apelo mais imediato para as pessoas do que essa? Certamente a vela pascal é um rico símbolo litúrgico, mas vela e representação realista falam diferentemente às pessoas.

Há pontos concretos de diálogo entre a religiosidade popular e a liturgia? A religiosidade popular tem um conjunto de gestos rituais, que é emprestado da liturgia, mas ao qual atribuiu em vários casos um outro sentido ou um sentido oposto. Por exemplo, no costume religioso popular, ajoelhar-se, e não ficar de pé, é a postura apropriada para a oração de petição. Tocar e beijar imagens sagradas são sinais não tanto de veneração como de comunhão com a pessoa que a imagem representa. A cabeça curvada, um gesto que na liturgia expressa oração pela bênção de Deus, significa contrição. O sinal-da-cruz é feito não somente para começar e terminar uma atividade, mas também para reconhecer a presença de Deus e de seus santos. É por isso que há pessoas que se persignam quando o pão e o vinho consagrados são erguidos, ou quando passam por uma igreja ou pela imagem de um santo. Às vezes, o sinal-da-cruz também é usado para afastar o mal e pedir assistência divina em tempos de provação e infortúnio. As danças religiosas expressam alegria, petição e ação de graças. As encenações religiosas são miméticas, porque visam ser formas vivas de catequese. As procissões são uma proclamação pública da fé, e as imagens sagradas são um lembrete de que existe outra esfera de vida além da presente.

Para fomentar um estilo mais popular de participação na liturgia, certas aclamações e respostas poderiam receber uma estrutura ou formato de litania, sem sugerir, com isso, que litanias devessem ser incorporadas em toda celebração litúrgica. Uma série de ritos litúrgicos, como o Batismo, a ordenação e a profissão religiosa, já incluem a Litania dos Santos. Para enfatizar o aspecto catequético da liturgia ao modo e estilo da religiosidade popular, as rubricas poderiam incentivar a *performance* encenada e mimética de certas partes da liturgia. Isso seria especialmente apropriado naquelas ocasiões em que a liturgia adota uma forma narrativa.[66] E para inspirar uma devoção eucarística mais profunda, a recitação da Oração Eucarística poderia ser acompanhada por gestos e símbolos adequados derivados de expressões populares de devoção ao Santo Sacramento. Embora algumas formas de devoção eucarística tenham tido um efeito prejudicial sobre a centralidade da Missa durante o período barroco, à sua própria maneira elas alimentaram o amor das pessoas pela Eucaristia.

Talvez seja útil reexaminar, à luz da religiosidade popular, o uso escasso e reticente de *banners* ou panôs e imagens sagradas em celebrações litúrgicas. Eles são parte tão integrante do culto das pessoas que sua ausência da liturgia pode criar um sentimento de vazio que as fórmulas, por mais vivas e adornadas que sejam, não conseguirão preencher. Dever-se-ia fazer um estudo cuidadoso, talvez uma pesquisa sociológica, sobre o papel que as imagens sagradas têm na criação do tipo de cenário religioso necessário para o culto. Será que as imagens sagradas — a quantidade tem, de fato, valor relativo — distraem os celebrantes do mistério litúrgico, ou sua ausência diminui o senso de devoção e festividade da celebração?[67]

Esses são exemplos aleatórios de como a religiosidade popular pode influenciar a estrutura, linguagem, gestos e símbolos de ritos litúrgicos. Como estamos lidando com o método da equivalência dinâmica, os exemplos foram necessariamente limitados àquilo que esse método representa. Ao longo desta exposição, atentamos com cuidado para a maneira como a equivalência dinâmica opera, para não corrermos o risco de fazer aquilo que o papa Paulo VI descreveu como a confusão da devoção popular com a liturgia. Os exemplos dados antes nos mostram o tipo de esforço penoso exigido pela equivalência dinâmica. Qualquer outro método seria mais simples. Mas o método da equivalência dinâ-

---

[66] Cf. *Heiliger Dienst*, n. 1/2, 1990, especialmente as contribuições de P. Schmidkonz, Die Dramaturgie der Liturgie in der Praxis der Gemeindemesse, pp. 21-37, e H. Meyer, Liturgie als (Kult-) Drama, pp. 59-71.

[67] Veja, entretanto, SC 125 e a *Instrução geral sobre o Missal Romano*, n. 318.

mica nos assegura que tanto a liturgia quanto a religiosidade popular são capazes de manter sua identidade intacta e inteira ao longo do processo de interação e assimilação mútua.

Não há maneira melhor de concluir este capítulo do que reproduzindo de novo o texto do *Documento de Puebla*:

> Os grandes desafios que a piedade popular levanta [...] configuram as seguintes tarefas pastorais: [...] e) Favorecer a mútua fecundação entre liturgia e piedade popular, que possa orientar com lucidez e prudência os anseios de oração e vitalidade carismática que hoje se comprovam em nossos países. Por outro lado, a religião do povo, com sua grande riqueza simbólica e expressiva, pode proporcionar à liturgia um dinamismo criador. Este, devidamente discernido, há de servir para encarnar mais e melhor a oração universal da Igreja em nossa cultura".[68]

---

[68]   Documento de Puebla, n. 465.

IV

A inculturação da catequese litúrgica

A liturgia e a catequese

A renovação litúrgica, que pode ser corretamente considerada a marca registrada do Vaticano II, é a confluência de vários fatores, ou seja, a revisão das edições típicas de livros litúrgicos, a tradução e adaptação deles para situações locais, a redescoberta das dimensões teológicas e espirituais dos ritos litúrgicos, o papel ativo de leigos como ministros litúrgicos e o interesse renovado na catequese litúrgica. Entre esses fatores, a catequese litúrgica merece mais do que a escassa atenção que está recebendo atualmente de liturgistas e pastores. Ela é, afinal, o suporte principal da renovação litúrgica.

Não é um exagero dizer que, sem a catequese, o programa de reforma do Vaticano II nem teria decolado. Os ritos litúrgicos certamente teriam chamado a atenção das pessoas por causa de sua novidade, porém, na ausência da catequese, seu interesse inicial teria diminuído logo. Para muitas, eles teriam parecido um novo recurso para trazer as pessoas de volta à Igreja. Sem a catequese, o programa pós-conciliar de inculturação litúrgica, que está à frente de cada Igreja local, não pode avançar. Mudanças nos textos e ritos litúrgicos, mesmo que reflitam a cultura e as tradições vivas de uma Igreja local, sempre requerem explicação. A relação entre liturgia e cultura nem sempre é evidente. Embora SC 34 aconselhe que os ritos não deveriam, via de regra, exigir muita explicação, as pessoas ainda terão de ser esclarecidas sobre vários aspectos, tanto espirituais quanto culturais, da celebração litúrgica. Em outras palavras, a catequese é uma companheira indispensável da renovação litúrgica.

O ensino papal sobre a liturgia e a catequese

Na exortação apostólica *Evangelii nuntiandi*, o papa Paulo VI abordou os problemas que ameaçavam obstaculizar a eficácia da catequese.[1] Ele admite com preocupação:

> Nós sabemos bem que o ser humano moderno, saturado de discursos, se demonstra muitas vezes cansado de ouvir e, pior ainda, como que imunizado contra a palavra. Conhecemos também as opiniões de numerosos psicólogos e sociólogos, que afirmam ter o ser humano moderno ultrapassado já a civilização da palavra, que se tornou praticamente ineficaz e inútil, e estar vivendo, hoje em dia, na civilização da imagem.

Se esse ponto de vista for correto, também a catequese precisa passar de uma cultura da palavra para uma cultura da imagem. No pensamento do Papa, a passagem implica o emprego dos "meios modernos criados por essa civilização".

A modernização é certamente um passo a ser dado para que a catequese seja renovada ou atualizada, mas é apenas o primeiro de muitos outros. As pessoas se endurecem contra palavras não só porque as palavras muitas vezes carecem do poder de evocar imagens tiradas da vida, mas também porque a mensagem que comunicam não é relevante, isto é, não está relacionada com sua vida e suas tradições culturais. Na área da catequese litúrgica, a mensagem, que é fornecida pelos textos e ritos litúrgicos, muitas vezes não deixa nenhuma impressão duradoura, porque não tem influência significativa sobre a vida concreta dos ouvintes.

Quatro anos antes da publicação de *Evangelii nuntiandi*, a Congregação do Vaticano para o Clero publicou o *Diretório catequético geral*, que

---

[1] Cf. PAULO VI, Exortação apostólica *Evangelii nuntiandi*, n. 42.

delineia o papel da catequese na renovação litúrgica.[2] De acordo com esse documento, uma das principais formas que o ministério da palavra assume é a catequese. O *Diretório* atribui à catequese a tarefa de fomentar a participação ativa, consciente e genuína nas celebrações litúrgicas, "não meramente explicando o sentido das cerimônias, mas também formando as mentes dos fiéis para a oração, ação de graças, arrependimento, oração confiante, espírito comunitário e a compreensão correta do sentido dos credos". Portanto, a catequese está a serviço da renovação litúrgica do Vaticano II, especialmente da vida sacramental. Quanto a isso, o *Diretório* exorta os catequistas a apresentar os sacramentos como sacramentos da fé, que requerem disposições apropriadas, e como fontes da graça para indivíduos e comunidades. Além disso, os catequistas deveriam dar muita importância à explicação dos sinais sacramentais, pois "a catequese deveria levar os fiéis, através dos sinais visíveis, a refletir sobre os mistérios invisíveis da salvação de Deus".[3]

A conexão entre a proclamação da palavra e a celebração sacramental, ou entre a Palavra de Deus e o sacramento, parece ser o fundamento teológico para vincular a catequese com a liturgia. A catequese, que é uma forma de pregar a Palavra de Deus, conduz à celebração dos sacramentos ao lançar luz sobre seu significado e propósito e ao instilar nos fiéis as disposições necessárias. O papa Paulo VI reflete isso na *Evangelii nuntiandi*, número 47, dizendo que a evangelização, da qual a catequese é um elemento essencial, desenvolve toda a sua riqueza quando mostra a estreita conexão existente entre a palavra e os sacramentos. No entanto, a celebração dos sacramentos sem o sólido apoio da catequese privará, em grande parte, os sacramentos de sua eficácia. "O papel da evangelização", conclui o Papa, "é precisamente o de educar de tal modo para a fé, que esta depois leve cada um dos cristãos a viver, e a não se limitar a receber passivamente ou a suportar, os sacramentos como eles realmente são, verdadeiros sacramentos da fé".

---

[2] Cf. CONGREGAÇÃO PARA O CLERO, *Directorium catechisticum generale*, AAS, v. 64, pp. 97-176, 1972.

[3] Ibid., n. 57.

Além da necessidade de um enfoque moderno e relevante da catequese, há uma outra necessidade que apresenta provavelmente a mesma urgência. Os pastores e catequistas têm de ficar muito mais conscientes de que a catequese não pode ser tratada isoladamente de sua fonte e ápice, ou seja, da celebração litúrgica. Na exortação apostólica *Catechesi tradendae*, o papa João Paulo II oferece uma clara percepção sobre a natureza da catequese e sua sintonia com a liturgia. Ele escreve em termos inequívocos que "a catequese está intrinsecamente ligada a toda a ação litúrgica e sacramental, pois é nos sacramentos, sobretudo na Eucaristia, que Cristo Jesus age em plenitude na transformação dos seres humanos".

Se o objetivo da catequese é fazer crescer a semente da fé lançada com a proclamação inicial do Evangelho e transmitida eficazmente pelos sacramentos de iniciação, segue-se que a catequese tem de operar dentro do marco da liturgia. O Papa enfatiza fortemente esse aspecto quando afirma que "a catequese conserva sempre uma referência aos sacramentos".[4] Ele conclui que a catequese que prepara para os sacramentos é um tipo eminente de catequese, e "toda catequese leva necessariamente aos sacramentos da fé". O Papa está obviamente refletindo aqui o ensino da constituição sobre a liturgia, números 9-11, quanto à necessidade de uma disposição apropriada por parte dos fiéis e da plena consciência do que fazem quando participam na celebração da liturgia. A constituição atribui à catequese esse papel específico de preparar os fiéis para a liturgia.

No entanto, "a prática autêntica dos sacramentos tem forçosamente um aspecto catequético". Com essas palavras, o Papa alude ao número 33 da mesma constituição, que sublinha a dimensão catequética da liturgia: "Embora a sagrada liturgia seja principalmente culto da majestade divina, é também fonte de instrução para o povo fiel". O Papa destaca que "a vida sacramental se empobrece e depressa se torna ritualismo oco, se não estiver fundada num conhecimento sério do que significam os sacramentos. E a catequese se intelectualiza, se não for haurir vida na

---

4   João Paulo II, Exortação apostólica *Catechesi tradendae*, n. 23.

prática sacramental".[5] Portanto, a catequese litúrgica deveria extrair seu material das celebrações litúrgicas, especialmente as sacramentais, da Igreja.

A catequese segundo uma perspectiva litúrgica

A catequese, como empreendimento apostólico da Igreja, encontra na liturgia seu ápice e fonte, para usar a expressão do número 10 da constituição sobre a liturgia. Não basta que os catequistas proponham e expliquem afirmações dogmáticas e princípios morais; é necessário que também elucidem como a Igreja vive sua fé quando celebra a liturgia. A Palavra de Deus, os textos eucológicos e os diferentes símbolos usados na liturgia oferecem aos catequistas material eminente e verdadeiramente valioso para a instrução. De fato, a liturgia, cujos ritos são uma evocação vivencial da fé, interpreta e proclama a fé que a Igreja recebeu dos apóstolos. Por essa razão, a catequese não somente leva aos sacramentos da fé, mas também extrai seus elementos didáticos da liturgia, que, de acordo com SC 33, "é também fonte de instrução para o povo fiel". Mas aqui é necessário acrescentar uma palavra de precaução: embora a liturgia tenha uma forte dimensão educacional, ela é celebrada não pelas vantagens que oferece à catequese, mas em função de seu próprio fim, ou seja, o culto de Deus pela Igreja através de Cristo no Espírito. "A liturgia", diz SC 33, "é principalmente culto da majestade divina".

As reflexões precedentes sobre como a catequese se relaciona com a liturgia são habilmente resumidas por D. Sartore em três tópicos.[6] Antes de mais nada, a catequese é uma iniciação na liturgia. No marco da história da salvação e da vida da Igreja e com a ajuda das ciências humanas modernas, a catequese revela aos fiéis o significado oculto das ações litúrgicas. A catequese inicia os fiéis no mundo do simbolismo sacramental, constituído de coisas, ações e palavras que os levam a uma participação fecunda no mistério salvífico de Cristo. Embora Sartore não

---

[5] Ibid.

[6] Cf. D. Sartore, Catequese e liturgia, in: *Dicionário de liturgia*, São Paulo, 1992, pp. 175-183.

o diga explicitamente, é óbvio que a proposição teológica que lhe serve de base é o princípio binomial de palavra e sacramento, um princípio que atribui aos sacramentos um lugar de primazia na economia da salvação. A Palavra de Deus conduz à celebração dos sacramentos concedendo fé e fortalecendo-a nas pessoas que já crêem. A catequese compartilha a função da palavra preparando os fiéis para a celebração dos sacramentos.

Além disso, as celebrações litúrgicas são "catequese em ação". A expressão provém do *Diretório sobre a renovação da catequese*, publicado pela conferência episcopal italiana em 1970. O próprio formato da liturgia, consistindo na Palavra de Deus e em símbolos que correspondem à natureza da psicologia humana, torna-a uma forma singular de catequese. Sartore toma o cuidado de observar que a liturgia é catequese em ação, "porque ela é, sobretudo, uma profissão de fé e concessão da graça, e porque é capaz de produzir o que significa". No entanto, esse princípio se tornará operativo sob a condição de que a liturgia seja entrelaçada com a vida da Igreja local ou, em outras palavras, adaptada à sua cultura e tradições.

Por último, a liturgia é tanto uma fonte da qual a catequese pode extrair seu material quanto um ponto de referência para relacionar a vida e as atividades humanas com o mistério de Cristo e da Igreja. Sartore sugere que não há símbolo, palavra ou ação na liturgia de que os catequistas não se possam valer para alimentar a fé de seus ouvintes, convidá-los à conversão, edificar diariamente a comunidade cristã e fomentar um serviço generoso à Igreja. No decorrer deste capítulo, teremos ocasião de discorrer mais longamente sobre esse assunto. Tudo que necessitamos dizer a esta altura é que os recursos de que dispõe a liturgia somente terão relevância e valor para a catequese se forem capazes de evocar várias situações da vida, se estiverem de fato arraigados na cultura da Igreja local. Em resumo, uma liturgia cujas expressões não estejam inculturadas tem pouco a oferecer para uma catequese viva e eficaz.

Ao longo dos anos, houve um progresso notável na relação entre a liturgia e a catequese. Podemos dizer que sua interdependência está mais firmemente estabelecida hoje do que na década de 1970. Contudo, permanece uma série de questões abertas que requer maior atenção.

Depois da publicação das duas exortações apostólicas *Evangelii nuntiandi* e *Catechesi tradendae*, os catequistas começaram a concentrar seu interesse nas dimensões contemporâneas da catequese, negligenciando às vezes os modelos patrísticos e medievais que são parte integrante de sua tradição. Durante o mesmo período, quando uma grande parte das edições típicas dos livros litúrgicos estava sendo revisada, os liturgistas se mostraram mais preocupados em preservar a tradição litúrgica e reavivar o conteúdo dos livros litúrgicos medievais do que em explorar os métodos culturais e pedagógicos adequados para transmitir a mensagem da liturgia às pessoas de nosso tempo. Mas também aconteceu, e continua a acontecer, que, em um esforço honesto de alinhar a catequese com o ano litúrgico, os catequistas muitas vezes a transformaram em uma espécie de celebração litúrgica popularmente conhecida na década de 1970 como "paraliturgia". E os liturgistas que tinham uma concepção unilateral da liturgia como "catequese em ação" sublinharam suas dimensões catequéticas mediante comentários constantes e o emprego exagerado de recursos audiovisuais. Nesse processo, aconteceu que a catequese e a liturgia muitas vezes eram confundidas uma com a outra e perderam algo de sua identidade.[7]

A catequese litúrgica no período patrístico

Vários escritos sobre catequese litúrgica que nos foram legados pelo período patrístico são exemplos clássicos de como a catequese deveria relacionar-se com a liturgia e a cultura. Essas obras pertencem a pastores e teólogos como Cirilo de Jerusalém, João Crisóstomo, Teodoro de Mopsuéstia, Ambrósio e Agostinho. A catequese, que é uma forma de pregar a Palavra de Deus, era considerada a principal tarefa e responsabilidade dos pastores e teólogos. Hoje ouvimos muitas vezes o impressionante *slogan*

---

[7] Cf. ibid., pp. 180-182.

"cada cristão é um catequista". Há verdade nessa afirmação, mas muita coisa precisa acontecer para que ela se torne realidade.

A catequese e a mistagogia

Estudiosos como J. Daniélou, A. Trapé e E. Mazza distinguem entre catequese e mistagogia.[8] Originalmente, a catequese se destinava às pessoas que estavam prestes a receber o Batismo. Elas eram chamadas de *illuminandi*, ou os que necessitavam ser iluminados primeiramente através da catequese antes que fossem iluminados sacramentalmente pela água do Batismo. Pois na antropologia cultural a água ilumina, assim como o fogo lava. Nos discursos catequéticos de Agostinho, observamos dois tipos de catequese, ou seja, o dogmático, que consiste na explicação do Credo, e o moral, que era uma instrução sobre os deveres morais do cristão. A mistagogia se dirigia a neófitos. Ela geralmente abrangia a explicação dos sacramentos de iniciação. A prática predominante entre os padres era expor o significado dos ritos e símbolos dos sacramentos, isto é, os "mistérios", somente depois que tivessem sido celebrados.

Atualmente, o termo "mistagogia" é usado para designar a instrução catequética sobre o significado dos sacramentos, especialmente a iniciação cristã, e seus ritos litúrgicos. Embora o *Ritual da iniciação cristã de adultos* mantenha o termo "mistagogia" para designar a instrução pós-batismal dos neófitos, as pessoas geralmente usam "mistagogia" e "catequese" como se fossem sinônimos.[9] Mazza, que escreveu extensivamente sobre esse tema, informa-nos que

> o sentido mais amplo de mistagogia como simplesmente "explanação de ritos litúrgicos" data do início do período bizantino. É com base nesse sentido mais amplo que se aplica o termo "mistagogia" a todo tipo de celebração litúrgica, incluindo a ordenação sacerdotal e a Unção dos Enfermos.[10]

---

[8] Cf. J. Daniélou, *La catéchèse aux premiers siècles*, Paris, 1968; E. Mazza, *Mystagogy: A Theology of Liturgy in the Patristic Age*, New York, 1989; A. Trapé, The Catechesis of the Fathers, GT, 114-122.

[9] Cf. *Ritual da iniciação cristã de adultos*, n. 235.

[10] Mazza, *Mystagogy*, p. 1.

Dois traços importantes da catequese patrística merecem um exame mais detalhado. Em primeiro lugar, durante o período patrístico, a mistagogia, e até certo ponto também a catequese, tinha uma orientação e finalidade claramente litúrgicas. Os padres sempre fizeram questão de derivar da celebração dos sacramentos a doutrina teológica e espiritual que tinha de ser explicada aos neófitos. Em segundo lugar, a maneira ou forma que empregavam para expor a doutrina era algo que podemos descrever como vivencial ou culturalmente evocativo, ou seja, expresso na linguagem e nas tradições dos ouvintes. Os padres que mencionamos antes eram grandes e profundos teólogos, mas quando falavam a catecúmenos e neófitos eles evocavam situações da vida e aludiam às tradições das pessoas. Com clareza e simplicidade inimitáveis, transmitiam as mais sublimes doutrinas do cristianismo. A. Trapé, que define a catequese como "o ministério eclesial destinado a transmitir os elementos básicos da fé", afirma que um grande número dos padres da Igreja era catequista. De fato, eles consideravam a si mesmos como tais, embora fossem alguns dos mais eruditos teólogos que a Igreja já conheceu. "Na realidade, eles explicavam o catecismo para o rebanho confiado a eles — para todos: instruídos e não-instruídos, crianças e adultos."[11]

Há dois aspectos da catequese patrística cujos pormenores necessitam ser expostos mais demoradamente, ou seja, a base litúrgica da catequese e sua evocação cultural. O tipo de catequese que nos foi transmitido desde a época dos padres é um paradigma de como a catequese litúrgica deveria ser inculturada.

A base litúrgica da catequese patrística

A catequese litúrgica, especialmente durante os séculos IV e V, era de dois tipos. Um era o tipo batismal dirigido aos catecúmenos que estavam no estágio final de preparação para o Batismo; o outro era o tipo mistagógico dirigido aos neófitos. A mistagogia consistia em uma

---

[11] Trapé, The Catechesis of the Fathers, 114.

explicação detalhada dos ritos litúrgicos da iniciação cristã, que os neófitos recebiam na Vigília Pascal. Ela lhes dava percepções doutrinais e espirituais sobre o que acontecia quando estavam sendo iniciados. Durante uma semana, o bispo os reunia e lhes explicava, passo a passo, o significado das palavras que ouviam, dos símbolos que viam e dos gestos que eles e os ministros faziam. A mistagogia era uma revisão da celebração litúrgica anterior e uma reflexão sobre ela. Visava ajudar os neófitos a assimilar mais profundamente o significado dos sacramentos e a extrair de sua celebração a força espiritual de que necessitavam para enfrentar como cristãos os desafios do mundo.

Embora os "mistérios", ou seja, os sacramentos de iniciação, só fossem explicados aos catecúmenos depois de terem sido batizados, havia um tipo preparatório de catequese que consistia em instrução doutrinária e moral. Isso fazia parte do longo processo de fé e conversão, a condição que a Igreja exigia inexoravelmente para o recebimento dos sacramentos da fé. A celebração dos ritos da iniciação cristã era a culminação do processo. A mistagogia que se seguia prolongava durante oito dias a experiência dos mistérios.

A prática de não divulgar o conteúdo dos impressionantes ritos da iniciação cristã deve ter sido motivada pelo estrito segredo mantido pela Igreja, então sob perseguição pagã, quanto à natureza dos sacramentos. Havia muita insistência na *disciplina arcani*, ou disciplina de sigilo, por causa do medo de que os pagãos pudessem compreender mal as ações sagradas e fazer uma caricatura dos sacramentos cristãos. No entanto, quando necessário, alguns padres não tinham receio de quebrá-la, inclusive diante de uma platéia pagã. Assim, Justino Mártir revelou o segredo relativo às palavras eucarísticas de Jesus para corrigir concepções equivocadas dos pagãos sobre a Eucaristia e desfazer dúvidas quanto à integridade moral dos cristãos.[12] O *Ritual da iniciação cristã de adultos* ainda mantém a antiga regra da *disciplina arcani*. Ele recomenda que os catecúmenos, por

---

[12] Cf. Justin the Martyr, *First Apology*, ed. por L. Pautigny, Paris, 1904, caps. 61 e 65-67. Tradução para o inglês de W. Jurgens, *The Faith of the Early Fathers*, Collegeville, 1970, 54-56. Daqui em diante, citada como FEF [Ed. bras.: Justino de Roma, *I e II Apologias – Diálogo com Trifão*, São Paulo, 1995].

não poderem ainda participar do culto de Cristo, "quando comparecem à reunião dos fiéis, devem ser delicadamente despedidos antes do início da celebração eucarística, se isso não acarretar grandes dificuldades".[13]

A *disciplina arcani* explica por que, no período patrístico, o significado dos ritos sacramentais era exposto somente para os iniciados. Porém, à parte disso, parece haver uma outra razão subjacente para a prática da catequese mistagógica ou pós-batismal. Para compreender mais plenamente as implicações doutrinárias e espirituais dos ritos sacramentais, nada é mais útil do que aludir a uma experiência anterior dos ritos.

A catequese batismal

O autor anônimo da *Didaqué*, que aborda o tema do Batismo no capítulo 7, oferece aos leitores algumas informações esclarecedoras sobre os principais elementos do rito do batismo. O autor fala da fórmula trinitária; do tipo de água a ser usada, ou seja, água corrente; do modo do Batismo, que é por imersão; e da preparação imediata através de oração e jejum. Para a história da catequese, a primeira linha do capítulo 7 tem grande valor: "Depois das instruções precedentes, batizar em nome do Pai, e do Filho, e do Espírito Santo, em água viva".[14] Embora ainda haja um debate sobre a complexa composição do livro, não parece fora de propósito sugerir que as "instruções precedentes" efetivamente se referem aos seis capítulos precedentes sobre os "Dois Caminhos". Os estudiosos consideram esse conjunto de instruções uma versão cristianizada dos ensinamentos morais judaicos dirigidos aos prosélitos. Para o autor da *Didaqué*, a catequese preparatória para o Batismo consiste, em grande parte, de instruções sobre como viver de acordo com os padrões morais estabelecidos pela Igreja.

Um outro autor que menciona a catequese preparatória é Justino Mártir. Ele relata que

---

[13] N. 19,3.

[14] *Didaché*, ed. por J. Audet, Paris, 1958; FEF, 2 [Ed. bras.: *Didaqué: o catecismo dos primeiros cristãos para as comunidades de hoje*, 11. ed., São Paulo, 2002].

> aqueles que estão convencidos e crêem que o que lhes é ensinado e dito por nós é a verdade e professam poder viver de acordo com isso são instruídos a orar e a pedir a Deus em jejum pela remissão de seus pecados anteriores, enquanto oramos e jejuamos com eles. Então são conduzidos por nós a um lugar onde existe água.[15]

Justino emprega aqui a palavra *dynamis*, que pode ser traduzida como a coragem de viver de acordo com as verdadeiras normas da conduta cristã. Exige-se que o candidato manifeste não somente convicção e fé, mas também a capacidade de lidar com a situação de perseguição que acossava a Igreja naquela época. Portanto, já no século II, a catequese pré-batismal incluía uma instrução sobre o modo cristão de vida. O próprio período do catecumenato era um teste da coragem e força do candidato diante da perseguição pagã, bem como de formação na prática da oração e do jejum.

É na *Tradição apostólica* de Hipólito de Roma que, pela primeira vez, nos deparamos com o catecumenato como instituição organizada.[16] O autor nos informa que as pessoas que desejavam ser incluídas entre os catecúmenos eram levadas aos *didaskaloi*, o equivalente aos catequistas de nossos dias, para verificar qual era seu real motivo. Elas eram colocadas sob o cuidado de fiadores ou padrinhos, que mais tarde dariam testemunho sobre o caráter digno de suas vidas. Hipólito enumera várias profissões que considerava incompatíveis com a vida cristã. Ele admoesta severamente os candidatos a desistirem de tais profissões, sob pena de serem rejeitados pela Igreja.

Os catecúmenos, de acordo com Hipólito, "devem escutar a palavra durante três anos". Este era o tempo normal durante o qual se podia estabelecer a conversão gradual dos candidatos. Ele descreve o período do catecumenato como um ouvir zeloso e fiel da Palavra de Deus, que presumivelmente era proclamada no contexto de um rito litúrgico. É

---

[15] JUSTIN THE MARTYR, *First Apology*, cap. 61; FEF, 54.

[16] Cf. HIPPOLYTUS OF ROME, *Apostolic Tradition*, ed. por B. Botte, Münster, 1963, cap. 20, pp. 42-44 [Ed. bras.: *Tradição apostólica de Hipólito de Roma*, Petrópolis, 1981].

verdade que os catequistas instruíam os catecúmenos sobre a prática da moralidade cristã e que os três anos eram empregados nem tanto em comunicar verdades dogmáticas e conhecimento litúrgico quanto em testar a vida moral dos candidatos. Porém, como a instrução acontecia na forma de "ouvir a palavra", é muito provável que implicasse certo rito litúrgico. Hipólito não dá detalhes sobre os livros bíblicos, mas sabemos de seu contemporâneo Orígenes que os catequistas liam e explicavam passagens selecionadas dos livros de Ester, Judite, Tobias e Sabedoria. Esses livros da Escritura contêm orientação moral apropriada.[17]

O autor da *Tradição apostólica* menciona práticas costumeiras vinculadas à instrução catequética. Uma série delas era organizada seguindo uma orientação e estrutura litúrgica. Os catecúmenos eram instruídos a orar sozinhos depois de cada sessão catequética — ou podemos dizer corretamente: litúrgica —, embora não lhes fosse oferecido o ósculo da paz, "pois o ósculo deles ainda não é santo". O ósculo era um gesto litúrgico, o sinal usado nos primórdios da Igreja para significar comunhão no Batismo e na Eucaristia. No final da sessão, o catequista, seja clérigo ou leigo, impunha as mãos sobre cada um dos catecúmenos. De novo, a imposição de mãos era um gesto litúrgico de bênção.

Algum tempo antes da Vigília Pascal — a Quaresma como tal ainda não existia —, aqueles que os catequistas julgavam estar prontos para o Batismo eram listados entre os "eleitos". Os padrinhos eram chamados para atestar que os catecúmenos tinham vivido uma vida digna durante o período probatório, de acordo com o padrão estabelecido pela Igreja. Hipólito pede que "sua conduta seja examinada, para verificar se respeitaram as viúvas, visitaram os doentes e realizaram toda boa obra". Para sondar a sinceridade dos eleitos, o próprio bispo os exorcizava um por um. Através deste ato litúrgico, o bispo conseguia, de alguma forma misteriosa, perceber a condição espiritual deles, "porque não é possível para um estranho fingir o tempo todo". Na Quinta-feira Santa, os eleitos

---

[17] Cf. ORIGEN, *Homilies on the Book of Numbers*, ed. por A. Méhat, 1951, 27,1 (Sources chrétiennes, 29). Daqui em diante, citada como SCh.

se lavavam e, durante os dois dias seguintes, observavam o jejum pascal. Antes do Batismo, o bispo impunha as mãos sobre eles, soprava sobre seus rostos e fazia o sinal-da-cruz sobre suas testas, ouvidos e narinas. De certa forma, tudo isso fazia parte do processo que chamamos de catequese, que não era dada como mera instrução em sala de aula, mas realizada junto com os ritos litúrgicos.

A catequese recebida pelos eleitos diferia, em termos de natureza e escopo, do tipo dado aos outros catecúmenos. O autor da *Tradição apostólica* diz que "eles deveriam ouvir o Evangelho", mas não oferece qualquer explicação adicional. Sabemos, contudo, que, nos séculos IV e V, o tipo de catequese destinado aos eleitos consistia em uma exposição bastante completa e sistemática da Sagrada Escritura e do Credo Apostólico. Cirilo de Jerusalém nos deixou suas dezoito instruções catequéticas, que proferiu aos eleitos antes do tríduo pascal de 349. Entre outras coisas, elas tratam de Batismo, Penitência, natureza e origem da fé, os livros da Sagrada Escritura e os artigos do Credo relativos ao Pai, ao Filho, ao Espírito Santo, à Igreja, à ressurreição dos mortos e à vida eterna.[18] Da instrução dada por Hipólito de que os eleitos "deveriam ouvir o Evangelho", podemos inferir de novo que a catequese ocorria no contexto de um rito litúrgico.

Da exposição precedente concluímos que, no período patrístico, havia duas formas de catequese preparatória para a celebração do Batismo. A primeira era dada aos catecúmenos por um período de aproximadamente três anos. Era basicamente uma instrução sobre o tipo de vida que a Igreja exigia de seus membros. A literatura patrística que examinamos parece enfatizar, nesse estágio, a qualificação moral dos catecúmenos. Os padrinhos acompanhavam como era seguida a instrução dada pelos catequistas e, quando da conclusão do catecumenato, atestavam diante da Igreja o mérito dos candidatos. Os catequistas exerciam o papel de diretores espirituais que guiavam os catecúmenos no caminho da conduta cristã. Eles lhes ensinavam a rezar. Liam e explicavam as Escrituras

---

[18] Cf. CIRILO DE JERUSALÉM, *Catequeses pré-batismais*, Petrópolis, 1978, Fontes catequéticas 14.

para eles e os abençoavam no final de cada sessão. Por causa disso, não deveríamos hesitar em considerar as sessões catequéticas durante o período patrístico como ritos litúrgicos. De fato, elas seguiam o formato da Liturgia da Palavra, consistindo em leitura da Escritura, instrução, oração e bênção.

A outra forma de catequese era reservada aos eleitos, que tinham sido escolhidos para receber os sacramentos de iniciação. Esse estágio do catecumenato os iniciava em uma compreensão mais sistemática das verdades reveladas. Durante o período patrístico, a Igreja provia-o com ritos litúrgicos, especialmente quando se aproximava o dia do Batismo. A instrução sistemática sobre a doutrina cristã jamais era uma exposição fria e abstrata de verdades dogmáticas. Ganhava vida na celebração de ritos litúrgicos. Realmente seria difícil imaginar uma explicação da doutrina cristã, especialmente quando é destinada às pessoas que se estão preparando para receber os sacramentos de iniciação, que ignore a conexão entre liturgia e dogma.

A culminação do período de instrução catequética e formação espiritual acontecia na celebração pascal do Batismo, Confirmação e Sagrada Eucaristia. Embora os candidatos ainda ignorassem o significado pleno e os detalhes dos ritos litúrgicos, estavam espiritual e moralmente prontos para eles. Durante os oito dias que se seguiam à celebração, os candidatos se reuniam em torno do bispo para revisar a experiência da noite pascal e extrair dela novas percepções doutrinárias e espirituais.

A catequese mistagógica

A catequese litúrgica era dada aos neófitos na forma de mistagogia. Mazza fez um excelente estudo dos tratados mistagógicos de Ambrósio, Teodoro de Mopsuéstia, João Crisóstomo e Cirilo de Jerusalém. Sua análise rigorosa do vocabulário empregado por cada um desses escritores lança luz sobre o significado que atribuíam aos ritos litúrgicos da iniciação cristã e sobre o método que adotavam ao explicar os ritos aos neófitos. Embora a tipologia bíblica ainda estivesse muito atuante na mistagogia dos padres dos séculos IV e V, Mazza crê que ela começava a mostrar sinais de declínio nas obras que estudou. Ele afirma que, em certos momentos, a teologia mistagógica desses padres já dá lugar a uma "teologia dos mistérios", que vê o rito litúrgico como a "presença" do evento salvífico.[19]

Paradoxalmente, a tipologia bíblica e a teologia dos mistérios são as duas dobradiças em torno das quais gira a liturgia, especialmente a dos sacramentos. O texto para a bênção da água batismal, por exemplo, alinha uma série de tipos bíblicos. Ele lembra a água sobre a qual o Espírito soprava no início da criação, a água do dilúvio, a água do Mar Vermelho, a água do Jordão onde Cristo foi batizado por João e a água que saiu do lado de Cristo. A razão por que a Igreja comemora esses eventos ou, em termos técnicos, realiza uma anamnese deles é para anunciar que as figuras agora, finalmente, se tornaram uma realidade no sacramento do Batismo. A idéia é realçada nos seguintes trechos da fórmula para a bênção da água batismal: "Fizeste das águas do dilúvio um sinal das águas do Batismo, que constituem um fim do pecado e um novo início de bondade"; "Através das águas do Mar Vermelho tu conduziste Israel para fora da escravidão, para ser uma imagem do povo santo de Deus, libertado do pecado pelo Batismo".[20]

As orações depois das leituras do Antigo Testamento por ocasião da Vigília Pascal são textos que a Igreja redigiu tendo em mente os tipos bíblicos como promessas de Deus e os sacramentos de iniciação como a presença e realização dessas promessas. A tipologia bíblica e a teologia dos mistérios andam de mãos dadas nessas orações. Três textos representativos expressam claramente o que a Igreja tem em mente. Lemos na primeira oração: "Tu criaste todas as coisas com uma beleza e ordem maravilhosas. Ajuda-nos agora a perceber quão mais maravilhosa ainda é a nova criação pela qual, na plenitude do tempo, redimiste teu povo através do sacrifício de nosso cordeiro pascal, Jesus Cristo". Encontra-

---

[19] Cf. MAZZA, *Mystagogy*, pp. ix-xii.
[20] *Ritual da iniciação cristã de adultos*, n. 215.

mos a mesma idéia na segunda e terceira orações. A segunda oração diz: "Tu prometeste a Abraão que ele se tornaria o pai de todas as nações e, mediante a morte e ressurreição de Cristo, tu cumpres essa promessa: em toda parte no mundo aumentas teu povo eleito". A terceira oração é explicitamente sacramental em sua aplicação do tipo bíblico a seu an-títipo: "Até mesmo hoje vemos as maravilhas dos milagres que operaste há muito tempo. Tu salvaste uma única nação da escravidão e agora ofereces esta salvação a todos através do Batismo".[21] Podemos dizer que essa interação entre tipos bíblicos e mistério cristão, entre promessa e cumprimento, é o coração da anamnese litúrgica.

Mas que papel exerce a tipologia bíblica no processo de inculturar a catequese sacramental? A inculturação é um tipo de tradução dinâ-mica. Implica o processo de admitir na liturgia os elementos e valores culturais que sejam capazes de ilustrar o significado do rito sacramental. Esses elementos arraigam a celebração nas expressões culturais das pes-soas; eles a tornam, de fato, parte de sua experiência de vida. Contudo, não têm suporte bíblico; são um segmento alheio no rito litúrgico, cujo fundamento último é a Palavra de Deus. Como é possível, então, fazer com que eles interajam com o mistério cristão, que a liturgia celebra? A resposta que os padres teriam dado é mediante a tipologia bíblica. Isso significa, em termos concretos, que os elementos culturais recebem uma nova interpretação, um novo significado e uma nova dimensão a partir do evento salvífico narrado na Sagrada Escritura. Significa que ritos culturais, símbolos e valores nativos adquirem novo caráter, *status* e propósito: agora eles transmitem a mensagem dos sacramentos à luz da história da salvação.

Não se pode superestimar o valor da tipologia bíblica tanto para a liturgia quanto para a catequese. Os escritos mistagógicos dos padres combinam habilmente a tipologia bíblica e a teologia dos mistérios, e revelam uma percepção penetrante do significado dos ritos litúrgicos. Ao mesmo tempo, fornecem-nos modelos de instrução catequética que

---

[21] *The Sacramentary*, New York, 1974, 188-189.

são indubitavelmente alguns dos melhores exemplos de como, com base nos tipos bíblicos, nossa própria catequese litúrgica pode ser inculturada com êxito no contexto específico de uma Igreja local.

Os escritos mistagógicos de Ambrósio de Milão e Cirilo de Jerusalém são dois dos exemplos clássicos desse tipo de catequese. Em *Sobre os mistérios* e *Sobre os sacramentos*, de Ambrósio, e em *Catequese mistagógica*, de Cirilo, observamos como esses dois padres fazem constantemente referências à celebração dos ritos de iniciação.[22] Eles revisam passo a passo o que aconteceu durante a celebração e explicam as orações, gestos e símbolos que constituíram o rito litúrgico. De uma maneira que se tornou típica da catequese patrística, eles sondam os tipos bíblicos a fim de revelar o plano oculto de Deus. Esse plano, asseguram eles aos neófitos, foi finalmente revelado e cumprido por Cristo e agora se tornou atuante nos sacramentos da Igreja. Portanto, a tipologia bíblica, que é altamente valorizada pela tradição litúrgica e patrística, vincula a celebração dos sacramentos à história da salvação e, por assim dizer, mergulha os neófitos na corrente do plano salvífico de Deus.

Os tratados mistagógicos de Ambrósio são representativos desse método de instruir os neófitos. Ao longo dessas duas obras, ele emprega o enfoque vivencial. Por exemplo, para explicar a seriedade da renúncia batismal, Ambrósio começa lembrando o que aconteceu na noite de Páscoa: "Quando lhes perguntaram: 'Vocês renunciam ao diabo e às suas obras?', o que responderam? 'Eu renuncio.' 'Vocês renunciam ao mundo e aos seus prazeres?', o que responderam? 'Eu renuncio'". Então Ambrósio instila nos neófitos o caráter sério das promessas batismais, que eles fizeram na forma de um voto: "Lembrem-se sempre do que vocês prometeram e jamais percam de vista as conseqüências do voto que fizeram".[23]

---

[22] Cf. AMBROSE OF MILAN, *On Sacraments* e *On Mysteries*, ed. por B. Botte; SCh 25bis, 1961 [Edição em português: AMBRÓSIO DE MILÃO, *Explicação do símbolo — Sobre os sacramentos — Sobre os mistérios — Sobre a penitência*, São Paulo; CYRIL OF JERUSALEM, *Mystagogical Catechesis*, ed. por A. Piédnagel; SCh 125, 1966 [Ed. bras.: CIRILO DE JERUSALÉM, *Catequeses mistagógicas*, Petrópolis, 1977]; cf. MAZZA, *Mystagogy*, pp. 14-44, 150-164.

[23] AMBRÓSIO DE MILÃO, *Sobre os sacramentos*, 1,5.

Quanto à água batismal, Ambrósio, antes de mais nada, refresca a memória dos neófitos: "Vocês entraram, viram a água, viram o bispo, viram o diácono. Talvez alguém tenha dito: 'É só isso?'". Com essa pergunta, ele começa a elucidar o mistério, isto é, o sacramento, da água. "Sim", responde ele, "isso é tudo, pois aqui encontramos inocência, aqui encontramos devoção, graça e santificação".[24] De forma semelhante, antes de explicar o simbolismo da imersão, ele primeiramente recria o que aconteceu no momento do Batismo: "Perguntaram-lhes: 'Vocês crêem em Deus-Pai todo-poderoso?'. Vocês responderam: 'Creio', e mergulharam, isto é, foram sepultados".[25]

O enfoque vivencial possibilitou a Ambrósio dar um salto da realidade do rito litúrgico para o âmbito de doutrina e espiritualidade. Esse salto, no entanto, tornou-se possível para ele pelo método da tipologia bíblica. Assim, para explicar o significado da água batismal, ele lembra aqueles casos registrados na Sagrada Escritura em que a água prenunciou a água salvífica do Batismo: a água por ocasião da criação sobre a qual pairava o Espírito, o dilúvio na época de Noé, a água do Mar Vermelho, a água amarga tornada doce por Moisés, a água do Jordão que purificou Naamã da lepra e a piscina de Betesda onde o paralítico foi curado.[26] Para Ambrósio, esses tipos bíblicos visam gravar na mente dos neófitos uma percepção da continuidade entre a promessa de Deus e seu cumprimento na Igreja. Visam comunicar a verdade de que o Batismo é a realização do plano da salvação, que Deus desdobrou gradualmente no decurso da história.

Essa maneira de usar a Sagrada Escritura para fins de instrução catequética não nos deveria levar a crer que tipos bíblicos sejam um material pedagógico cômodo que podemos empregar convenientemente para criar um contexto bíblico para a catequese. Os tipos bíblicos constituem os meios de inserir tanto as dimensões humanas quanto os elementos

---

[24] Ibid., 1,10.

[25] Ibid., 2,20.

[26] Cf. AMBRÓSIO DE MILÃO, *Sobre os mistérios*, 3,9 (água da criação), 3,10-11 (dilúvio), 3,12-13 (êxodo), 3,14 (água amarga), 3,16 (Naamã) e 3,21 (piscina de Betesda).

naturais dos sacramentos no esquema da história da salvação. É por isso que o tipo de catequese que ignora os tipos bíblicos e os substitui exclusivamente por imagens tomadas da vida diária corre o risco de remover a celebração dos sacramentos da corrente da história da salvação. Catequese inculturada não significa negligenciar os tipos bíblicos em favor de histórias tiradas da vida diária sobre a água ou o óleo, por mais relevantes que possam ser esses relatos para a ocasião. Significa associar tipos bíblicos com eventos, ritos e símbolos contemporâneos. Significa ler os tipos bíblicos à luz da história, cultura e tradições da Igreja local.

Ambrósio não se vale de tipos bíblicos apenas para comemorar eventos passados na história da salvação. Ele faz sua atenção passar do tipo para o antítipo, da figura para a realidade, da teologia mistagógica para a teologia dos mistérios. Os tipos prefiguram a obra que Deus realizou através de Cristo. Os prodígios que Deus realizou para seu povo eleito Israel são meras sombras da realidade que chamamos os sacramentos da Igreja. Referindo-se ao Espírito que pairava sobre as águas da criação, Ambrósio medita: "Aquele que se movimentou sobre a água [da criação] não operou também na água [do Batismo]?".[27] O Espírito Santo, que inspirou vida nas criaturas da água nos primórdios do tempo, inspira agora vida divina nas pessoas que são imersas na água do Batismo. O Espírito Santo da criação está agora presente nos ritos sacramentais da Igreja.

A explicação que Ambrósio dá quanto à ação do Espírito Santo sobre a fonte batismal é um exemplo impressionante de como a mistagogia se transforma em mistério e de como a promessa se torna uma realidade presente. Em palavras lapidares, ele escreve: "Se, pois, o Espírito Santo, descendo sobre a Virgem, produziu concepção e nascimento, certamente não deve haver dúvida de que o mesmo Espírito, descendo sobre a fonte ou sobre os que são batizados, produz renascimento".[28] Ambrósio considera o papel exercido pelo Espírito Santo no mistério da encarnação como uma prefiguração de seu papel no sacramento do renascimento. Ele vê a Santa

---

[27] Ibid., 3,9.
[28] Ibid., 9,59.

Mãe como figura da Igreja e seu ventre como o tipo da fonte batismal da Igreja. Traça um surpreendente paralelo entre o renascimento espiritual dos neófitos e o mistério da encarnação de Cristo.

De Ambrósio aprendemos que o objetivo da mistagogia não é somente ensinar teologia sacramental, mas também comunicar percepções espirituais aos neófitos. A mistagogia fazia parte do programa de formação espiritual da Igreja antiga. Da mesma forma como a teologia sacramental se baseava sobre a celebração dos ritos litúrgicos, assim também a espiritualidade estava arraigada na experiência sacramental dos neófitos. De acordo com Ambrósio, a espiritualidade nada mais é do que o vivenciar fiel das conseqüências dos sacramentos. Em palavras sublimes e comovedoras, ele pregou aos seus neófitos, exortando-os a permanecerem fiéis até o fim:

> Ao mergulharem na água, vocês assumem a semelhança da morte e sepultamento de Cristo, aceitam o sacramento daquela cruz em que ele esteve pendurado e à qual seu corpo foi pregado. Vocês, então, são crucificados com Cristo, apegam-se a ele, apegam-se aos pregos do Senhor Jesus Cristo. Não permitam que o diabo desprenda vocês dela. Deixem que os pregos de Cristo seguem vocês, a quem a fraqueza da natureza humana separa da cruz.[29]

Da exposição precedente concluímos que, durante o período patrístico, a catequese e mistagogia batismal tinham uma orientação litúrgica. Enquanto certos ritos litúrgicos acompanhavam a catequese batismal, os três sacramentos de iniciação eram eles próprios o assunto da mistagogia. Como nossa área de interesse são modelos de inculturação litúrgica, seria útil lembrar neste momento aqueles elementos da mistagogia patrística que constituem o *terminus a quo* catequético e litúrgico da inculturação.

Nos escritos de Ambrósio, observamos a freqüente utilização de tipos bíblicos. Parece que, no processo de inculturação, estes deveriam

---

[29] AMBRÓSIO DE MILÃO, *Sobre os sacramentos*, 2,24.

ser retidos, embora lidos e expostos à luz da cultura contemporânea, pois são capazes de relacionar os sacramentos com a história da salvação. Também observamos como Ambrósio passa constantemente de tipos bíblicos para antítipos sacramentais, da promessa para o cumprimento, em suma, da teologia mistagógica para a teologia dos mistérios. Por fim, observamos que ele baseia suas reflexões sobre a espiritualidade cristã na celebração e vivência pessoal dos sacramentos. Esses são os traços principais da catequese litúrgica durante o período patrístico. A questão com que nos deparamos agora é como traduzi-los para a cultura e as tradições de Igrejas locais.

A evocação cultural na catequese patrística

Um aspecto da catequese patrística com implicações importantes e práticas para a inculturação é a qualidade que lhe possibilita evocar contextos culturais e vinculá-los com os ritos litúrgicos e tipos bíblicos. A forma patrística de catequese recorria intensamente à cultura para obter seu material. A propósito, o papa João Paulo II afirma que a catequese, bem como a evangelização em geral, "é chamada a levar a força do Evangelho ao coração da cultura e das culturas". Isso acontecerá sob a condição de que os catequistas procurem conhecer essas culturas e seus componentes essenciais, aprendam as expressões mais importantes da cultura e respeitem seus valores e riquezas específicos.[30] O Papa incentiva o uso criterioso de certos elementos, religiosos ou outros, que fazem parte da herança cultural de um povo, para promover melhor compreensão da fé. Ele adverte, contudo, contra a "abdicação ou atenuação da luz da sua mensagem por adaptações, mesmo de linguagem, que porventura comprometessem o 'bom depósito' da fé".[31]

Um aspecto que tem relevância direta para nosso assunto é levantado pelo papa João Paulo II em *Catechesi tradendae*. Há necessidade de manter o vínculo da catequese com o mundo bíblico bem como com

---

[30] Cf. João Paulo II, *Catechesi tradendae*, n. 53.

[31] Ibid.

as outras culturas do passado, ou, em suma, com a tradição da Igreja. No trabalho de inculturar a catequese litúrgica no contexto de nossa sociedade atual, a tradição não deveria ser desconsiderada. Vale a pena reproduzir aqui a longa passagem em que o Papa articula seu pensamento sobre o assunto.

> A mensagem evangélica não é isolável pura e simplesmente da cultura em que primeiramente se inseriu (o mundo bíblico e mais concretamente o meio cultural onde viveu Jesus de Nazaré); nem mesmo, sem perdas graves, das culturas em que já se exprimiu ao longo de séculos; não surge de maneira espontânea de nenhum substrato cultural; além disso transmite-se sempre através de um diálogo apostólico que inevitavelmente está inserido num certo diálogo de culturas.[32]

Os escritos catequéticos dos padres são um registro desse "diálogo apostólico" entre o conteúdo da fé e as expressões da cultura. O contexto cultural era o mundo greco-romano dos séculos IV e V. É óbvio que um número considerável dos exemplos provenientes desse período não fará sentido para pessoas que pertencem a uma outra cultura e época, talvez inclusive para os europeus modernos. Por causa dos padrões culturais específicos que subjazem aos modelos patrísticos, eles se distanciaram da experiência de vida normal das pessoas de hoje. Isso não significa, porém, que tenham perdido completamente sua relevância. No entanto, para apreciar sua possível contribuição para a catequese moderna, necessitamos fazer certa distinção, ou seja, entre a origem dos ritos litúrgicos e a interpretação catequética que lhes foi dada pelos padres. Uma série de ritos litúrgicos se originou na cultura da Igreja local. Se com "Igreja local" queremos dizer também a Igreja de Jerusalém, então naturalmente todos os ritos litúrgicos surgiram de um ambiente cultural local. A questão é como os padres os interpretaram, isto é, dotaram-nos de uma expressão cultural contemporânea de modo que pudessem ser inseridos na tradição viva da Igreja local. Em suma, como os padres evocavam a cultura quando explicavam o sentido de ritos litúrgicos?

---

[32] Ibid.

A evocação cultural na catequese ocorre com bastante freqüência nos tratados mistagógicos dos primeiros padres. Um exemplo é o método que Ambrósio adotou para explicar o rito de ungir os catecúmenos imediatamente antes de serem batizados. Ele recorreu a uma prática, corrente na época, de esfregar os atletas com óleo, uma espécie de massagem corporal, em preparação para a competição. Era comum entre os gregos e romanos, assim como também entre nós atualmente, aplicar óleo para o condicionamento do corpo. Ambrósio rapidamente viu na unção batismal dos catecúmenos um rito comparável à prática atlética de seu tempo. Afinal, os catecúmenos tinham de estar preparados para enfrentar as provações que os esperavam. Isso explica por que o lembrete que Ambrósio dava aos neófitos é expresso em palavras que evocam o mundo dos atletas: "Foste ungido como um atleta de Cristo, como quem está prestes a travar a batalha deste mundo, como quem se entregou à batalha. Quem entra na competição sabe o que esperar: onde há luta, há coroa".[33]

Não seria pura fantasia pensar que o rito da unção batismal pudesse ter sido inspirado pela prática dos atletas. De acordo com B. Botte, não há indicação de tal rito no Novo Testamento e nos escritos dos padres antes de Tertuliano.[34] É bastante possível que Ambrósio tenha tentado recuperar a idéia original por trás do rito. Contudo, quando explicou seu significado, ele o associou com 1 Coríntios 9,24-27, que descreve a vida cristã como uma corrida na arena.

Outro exemplo no qual vemos a evocação cultural em ação é o rito da renúncia batismal. Para as pessoas do antigo mundo mediterrâneo, as direções leste e oeste eram especialmente ricas em simbolismo. F. Dölger escreveu extensamente sobre esse assunto.[35] Os primeiros cristãos se

---

[33] Ambrósio de Milão, *Sobre os sacramentos*, 1,4.

[34] Cf. B. Botte, Le symbolisme de l'huile et de l'onction, *Questions Liturgiques*, v. 4, p. 196, 1981. O próprio Tertuliano afirma em *Da coroa*: "Hanc [unctionem] si nulla scriptura determinavit, certe consuetudo corroboravit, quae sine dubio de traditione manavit".

[35] Cf. F. Dölger, *Sol salutis: Gebet und Gesang im christlichen Altertum*, Münster, 1972; veja J. Jungmann, *The Early Liturgy to the Time of Gregory the Great*, London, 1966, pp. 133-139.

viravam para o leste quando oravam, crendo que Cristo, que ascendeu ao céu para o leste, também retornaria da mesma direção. A *Tradição apostólica* orienta os catecúmenos a olhar para o oeste no momento da renúncia (um manuscrito acrescenta que devem cuspir na direção do oeste) e olhar para o leste quando da profissão de fé.[36] O oeste ou a região onde o sol se põe significa o domínio de Satanás, enquanto o leste é onde Cristo reina. Ambrósio capturou o simbolismo nestas palavras vivas: "Tendo entrado [no batistério] para te encontrares com o adversário a quem decidiste renunciar diretamente, te viraste para o leste. Pois aqueles que renunciam ao diabo voltam-se para Cristo e o reconhecem por um olhar direto".[37]

Dois outros ritos batismais, ambos extintos, têm fortes sustentáculos culturais: o lava-pés dos neófitos e a entrega do cálice de leite misturado com mel durante a Comunhão. P. Beatrice publicou um estudo interessante sobre o lava-pés.[38] Nas antigas liturgias romana e milanesa, existia uma prática bastante curiosa de lavar os pés dos neófitos depois de terem sido batizados. É uma questão demasiadamente complexa expor aqui como ela se tornou parte do rito batismal. Na época de Ambrósio, a Igreja de Milão ainda mantinha a prática, embora Roma a tivesse abandonado, pois ela se tornara inviável devido ao grande número de catecúmenos que estavam sendo batizados. Qual poderia ter sido o *background* cultural dessa prática?

Para pessoas que caminhavam muito, o lavar dos pés era um gesto prático de boas-vindas e hospitalidade. Era uma tarefa doméstica atribuída aos servos. Esse parece ser o espírito por trás do capítulo 53 da *Regra de são Bento*, que ordena ao abade e à comunidade lavar os pés dos hóspedes recém-chegados. Esse *background* cultural certamente não passou despercebido a Ambrósio, que era bastante sensível às tradições culturais e sociais de seu povo. No entanto, ele explica esse rito peculiar

---

[36] Cf. HIPPOLYTUS OF ROME, *Tradição apostólica*, cap. 21.

[37] AMBRÓSIO DE MILÃO, *Sobre os mistérios*, 2,7.

[38] Cf. P. BEATRICE, *La lavanda dei piedi*, Roma, 1983.

como um ato de serviço humilde, de acordo com João 13,5-10, e como um ato sacramental cujo efeito complementa o Batismo. Aludindo a Gênesis 3,15, que diz que a serpente ferirá o calcanhar, Ambrósio dá ao rito ainda uma outra interpretação: "Teus pés foram lavados para remover o veneno da serpente".[39]

O outro rito de iniciação que não resistiu ao teste do tempo e à mudança cultural é a prática bastante encantadora de oferecer um cálice de leite misturado com mel aos neófitos durante a Comunhão. A Roma antiga conhecia a tradição de fazer com que as crianças recém-nascidas bebessem uma mistura de leite e mel para se fortalecer contra doenças ou como um ritual apotropaico para afastar o mal.[40] Tertuliano relata que, na Igreja da África do Norte, os neófitos bebiam, logo depois do Batismo, uma mistura de leite e mel para denotar que tinham sido recebidos pela Igreja. A *Tradição apostólica* insere a prática entre a Comunhão com o pão e a Comunhão do cálice. Para evitar qualquer mal-entendido grosseiro que pudesse surgir quanto à natureza da bebida mista no momento da Comunhão, Hipólito orienta "o bispo a explicar seu significado cuidado-samente às pessoas que o recebem". À luz de Êxodo 3,8, ele interpreta a bebida mista como "o cumprimento da promessa feita por Deus aos nossos pais de que lhes daria uma terra que mana leite e mel". O tipo bíblico se ajusta bem ao cálice de leite e mel. Através do rito do batismo, os neófitos atravessam o rio Jordão; eles entram na terra de abundância espiritual prometida por Deus, ou seja, a Igreja. A bebida mista é o símbolo que denota a fruição da promessa.[41]

Os exemplos precedentes de evocação cultural na mistagogia patrís-tica dirigem nossa atenção para um fato significativo. A notável facilidade com que os padres vinculavam a cultura aos sacramentos tem somente uma explicação: a liturgia dos sacramentos era de fato inculturada, ou seja, possuía elementos emprestados da experiência de vida das pessoas.

---

[39] AMBRÓSIO DE MILÃO, *Sobre os sacramentos*, 3,4-7.

[40] Cf. PAULY-WISSOWA (ed.), *Real-Encyclopedie*, 1931, v. 30, pp. 1.570-1.571.

[41] Cf. TERTULIANO, *Da coroa*, 3,2; HIPÓLITO DE ROMA, *Tradição apostólica*, n. 56.

A prática de esfregar óleo, o voltar-se para o leste e o oeste, o lava-pés, o cálice de leite e mel, o uso de vestes brancas e a entrega de velas acesas — essas eram coisas familiares na cultura da Igreja antiga. Os padres não tinham de procurar fora da liturgia um ritual ou imagens que pudessem ilustrar apropriadamente o significado dos ritos sacramentais. A liturgia já continha o material para uma catequese que recriava imaginativamente aspectos da experiência coletiva de um povo. Enquanto os tipos bíblicos inseriam os ritos sacramentais no âmbito da história da salvação, os elementos culturais os arraigavam na vida da Igreja local.

Portanto, tanto a catequese quanto a liturgia falavam a mesma linguagem, referiam-se ao mesmo contexto cultural e transmitiam, usando a mesma pedagogia, o conteúdo dos sacramentos. Em outras palavras, a liturgia sacramental e sua catequese correspondente não eram meramente justapostas. Os exemplos dados antes não são o resultado da aculturação, pois o que acontece quando há aculturação é que os catequistas adotam a abordagem vivencial para explicar os sacramentos, mas não conseguem extrair material dos ritos litúrgicos e, por isso, deixam de mostrar a relação entre liturgia e experiência de vida. Como vimos, em seus tratados catequéticos e mistagógicos, os padres nos fornecem paradigmas de uma catequese inculturada. Devido aos ritos e símbolos inculturados dos sacramentos de iniciação durante o período patrístico, as explicações concomitantes podiam facilmente aludir às tradições culturais do povo. A conclusão é que, enquanto nossa liturgia não for inculturada, nossa catequese litúrgica somente pode alcançar o nível da aculturação.

A catequese e as edições típicas

A catequese litúrgica retira seu material instrucional da atividade litúrgica e sacramental da Igreja. O material é fornecido pelos textos, ritos e símbolos usados em celebrações litúrgicas. Estas são, estritamente, o fundamento inalienável da catequese litúrgica. Considerações teológicas abstratas concernentes à liturgia e aos sacramentos certamente têm um valor distinto próprio para a formação dos cristãos, mas a catequese litúrgica significa mais do que mero enriquecimento intelectual. Ela deveria levar os fiéis à celebração dos sacramentos e a uma experiência de seus efeitos na vida. A catequese litúrgica genuína jamais é informação abstrata ou escolar sobre o culto da Igreja; é sempre um desdobramento experiencial vívido da fé que a Igreja celebra.[42]

Uma abordagem mistagógica contemporânea

Quanto à orientação litúrgica, o *De Nieuwe Katechismus*, comumente conhecido como o *Catecismo holandês*, merece alta recomendação.[43] Seu tratado sobre os sacramentos do Batismo e da Eucaristia é uma apresentação fiel das celebrações litúrgicas das quais ele extrai profundas e, muitas vezes, comovedoras reflexões sobre o significado que esses sacramentos deveriam ter para os crentes modernos.[44] Examinando suas páginas, tem-se a clara impressão de estar lendo uma versão moderna da mistagogia patrística.

As linhas seguintes do *Catecismo* poderiam ser facilmente atribuídas a Ambrósio de Milão. Falando do Batismo como novo nascimento, o *Catecismo* explica: "A água denota nascimento, as palavras especificam que nascimento é esse, ou seja, que o Espírito Santo entra em nós, dá-nos vida e nos faz filhos do Pai. Imediatamente após o Batismo, há uma unção com crisma, que denota o bom odor do Espírito".[45] Quanto ao aspecto do Batismo como símbolo de nossa solidariedade com o próprio caminho de serviço, humildade e obediência até a morte de Cristo, o *Catecismo* tem estas palavras inspiradoras e animadoras:

---

[42] Cf. SARTORE, Catequese e liturgia, pp. 175-183.

[43] A edição em inglês tem o título A *New Catechism*, New York, 1967 [Ed. bras.: O *novo catecismo: a fé para adultos*, São Paulo, 1969].

[44] Cf. ibid., pp. 242-248; 332-347.

[45] Ibid., p. 245.

É este um pensamento sombrio no feliz dia do Batismo — que, com isso, se é dedicado à morte? Mas existe algo mais consolador? Somos lembrados de que nossa vida mortal deve ser, juntamente com Jesus, não absurda, mas fecunda. Deus transformou as aflições da humanidade nas dores do parto de uma nova vida. Quando entramos na água, isso é um símbolo da morte; quando saímos dela, isso é o símbolo da ressurreição e renascimento. É por isso que o Batismo é concedido na feliz noite da Páscoa.[46]

Sempre que o *Catecismo holandês* aborda o assunto da liturgia, reflete fielmente o plano e conteúdo das edições típicas dos livros litúrgicos. No entanto, não negligencia as dimensões espirituais e devocionais da celebração. Comentando a narração da instituição como clímax da Missa, ele menciona o silêncio observado pela assembléia durante essa ocasião solene. Antes da reforma, muitos dos fiéis faziam o sinal-da-cruz e batiam em seu peito, mas agora somente levantamos os olhos para adorar a espécie consagrada. E, enquanto fazemos isso,

> alguns dizem silenciosamente para si mesmos as palavras pascais do apóstolo Tomé: "Meu Senhor e meu Deus!". Também se poderia repetir algumas das palavras ditas no Calvário, como: "Este é realmente o Filho de Deus". Ou não é necessário dizer coisa alguma. O esforço básico sempre tem que ser lembrar Jesus Cristo. A consagração é um momento santo e privilegiado no cânone. Mas o cânone todo compartilha dessa santidade.[47]

As edições típicas e a tarefa dos catequistas

Os textos, ritos e símbolos da liturgia são o ponto de partida para a inculturação não somente de ritos litúrgicos, mas também da catequese litúrgica. As edições típicas dos vários livros litúrgicos deveriam fazer parte do processo de adaptar a catequese litúrgica à cultura das Igrejas locais. As edições típicas, que determinam o que pode ser alterado ou modificado nos textos ou ritos da liturgia, podem inspirar os catequistas a

---

[46] Ibid., p. 247.
[47] Ibid., p. 335.

considerar como certos elementos da celebração poderiam ser vinculados com expressões culturais. Assim, a introdução às edições típicas cita as ocasiões em que as conferências episcopais ou o ministro podem adaptar os textos ou os ritos da liturgia.[48] Deveríamos destacar aqui que as opções oferecidas aos bispos são as mesmas que os catequistas deveriam aprender a usar em benefício de seu trabalho de instrução catequética. Sem introduzir mudanças no rito — isto cabe às conferências episcopais —, deveriam estar alertas para a possibilidade de explicar o significado de um rito litúrgico à luz das opções culturais que as edições típicas oferecem aos bispos.

A propósito da metodologia, seria útil considerar sucintamente o que constitui o conteúdo e a forma da catequese litúrgica. Podemos dizer que o conteúdo da catequese litúrgica é basicamente o significado teológico dos sacramentos ou das ações litúrgicas incorporados nos ritos litúrgicos correspondentes. Podemos dizer ainda que o mistério pascal, que é tornado presente em cada celebração litúrgica, é de fato o principal significado do rito. No entanto, deveríamos observar que, na Santa Missa, o foco está no sacrifício de Cristo na cruz, no Batismo em seu sepultamento e ressurreição, e na Confirmação em seu ato de enviar o Espírito Santo à Igreja no dia de Pentecostes. Em suma, cada sacramento contém, denota e celebra o mistério pascal de acordo com a natureza e finalidade específica do sacramento. Portanto, na Eucaristia, a refeição com pão e vinho é o rito litúrgico que expressa a presença do mistério pascal, no Batismo é o lavar com água e a fórmula trinitária, e na Confirmação é a imposição das mãos e a unção com crisma. As edições típicas indicam com bastante clareza a natureza e finalidade de cada celebração litúrgica. De saída, deveríamos advertir os catequistas de que o significado teológico do rito não é o objeto de inculturação catequética, caso isso implique mudar o significado do sacramento.

A forma da catequese, contudo, consiste no que o papa João Paulo II chama de "vias e meios adequados" e "métodos pedagógicos adequados"

---

[48] Cf. A. Chupungco, *Liturgias do futuro: processos e métodos de inculturação*, São Paulo, 1992, pp. 132-147.

de comunicar o conteúdo ou mensagem da catequese.[49] O Papa sugere que a linguagem tradicional usada na catequese talvez tenha de dar lugar a uma outra linguagem que se mostre "preferível para transmitir esse conteúdo a certa pessoa ou grupo de pessoas". Ele sublinha "as grandes possibilidades que oferecem os meios de comunicação social e os meios de comunicação de grupos: televisão, rádio, imprensa, discos, fitas magnéticas, enfim, todos os meios audiovisuais".

Qual é, então, o objeto da inculturação? É claro que os catequistas não desfrutam o direito de inculturar os ritos dos sacramentos e outras ações litúrgicas. Essa é uma tarefa atribuída pela Santa Sé exclusivamente às conferências episcopais. A tarefa dos catequistas é inculturar a linguagem, os métodos e os meios pedagógicos da catequese visando explicar, no contexto da cultura e das tradições de seu povo, o conteúdo teológico e as formas litúrgicas dos ritos. O papa João Paulo II define os catequistas genuínos como professores que sabem "que a catequese tem de se 'encarnar' nas diferentes culturas e nos diversos meios".[50] Ele os lembra de que as formas de comunicação devem "ser adaptadas à vida concreta da geração a que se destinam", e recomenda que "se esforcem por encontrar a linguagem compreensível a essa mesma geração".[51]

Portanto, à sua própria maneira, os catequistas realizam a tarefa dos teólogos quando transmitem doutrina teológica correta sobre o significado e propósito dos sacramentos. Compartilham o conhecimento especializado dos liturgistas estando suficientemente informados sobre o *background* histórico dos ritos, o significado dos inúmeros gestos e símbolos litúrgicos e o conteúdo teológico e espiritual dos diferentes livros litúrgicos. Eles fazem o trabalho de pastores que conduzem seus ouvintes para uma valorização mais profunda das celebrações litúrgicas, de modo que "se apeguem em sua vida àquilo que apreenderam por sua fé". Nessa lista bastante formidável de qualidades, deveríamos incluir a sensibilida-

---

[49] Cf. João Paulo II, *Catechesi tradendae*, nn. 31 e 46.
[50] Ibid., n. 53.
[51] Ibid., n. 49.

de aguda para a cultura e as tradições, juntamente com a habilidade de fazer traduções culturais dinâmicas dos ritos litúrgicos. Não há dúvida de que a catequese litúrgica será relevante para nossos tempos à medida que os catequistas forem capazes de inculturar ou, pelo menos, aculturar seu material e seus métodos instrucionais. A inculturação da catequese litúrgica certamente não é uma opção, mas um imperativo.

Tendo em mente essa observação, o *Diretório catequético nacional para as Filipinas* emitiu uma conclamação urgente no sentido de que não se poupe nenhum esforço para que a forma e os métodos da instrução catequética sejam inculturados com eficácia. "Por um lado", prescreve o *Diretório*, "a mensagem cristã tem de ser expressa através de imagens, símbolos e ritos que sejam indígenas à cultura filipina, e, por outro, valores, atitudes e práticas culturais filipinas autênticas têm de ser analisados com vistas às suas dimensões cristãs básicas".[52] O *Diretório*, que admite francamente que a inculturação da catequese não pode ser um processo realizado por decreto a partir de cima, convida a Igreja local a encontrar as formas e expressões no culto e na vida que sejam "tanto claramente filipinas quanto autenticamente cristãs". Ele realça que as celebrações litúrgicas e devoções populares oferecem as melhores oportunidades disponíveis para a inculturação. Adverte, todavia, que "a inculturação é mais do que 'vestir' a mensagem em símbolos, ritos e formas indígenas. Mais fundamentalmente, é a percepção e compreensão mais profunda e interior de Jesus Cristo que se tornam parte da 'alma' filipina".[53]

O *Diretório*, que se inspira em *Evangelii nuntiandi* do papa Paulo VI, em *Catechesi tradendae* do papa João Paulo II e no *Documento de Puebla*, foi escrito no contexto cultural da Igreja local, mas várias das questões que ele aborda são transculturais. De muitas maneiras, outras Igrejas locais e comunidades no Ocidente, que compartilham a mesma forma latina de catolicismo, podem se identificar prontamente com as preocupações articuladas no *Diretório*.

---

[52] *Maturing in Christian Faith*, Pasay City, 1985, n. 426, p. 226.

[53] Ibid., n. 431, p. 228.

As opções oferecidas pelas edições típicas

O problema com que os catequistas têm de lidar é como começar, em termos concretos, o processo de inculturação ou aculturação da catequese litúrgica. Em outras palavras: que métodos estão disponíveis? Para responder a essa pergunta, é necessário retornar ao assunto das edições típicas, a fonte oficial da catequese litúrgica e o *terminus a quo* da inculturação. As várias opções que elas oferecem às conferências episcopais podem ajudar os catequistas imensamente em sua árdua tarefa de infundir perceptividade cultural nas celebrações litúrgicas. Alguns exemplos usando as edições típicas ilustrarão a questão em pauta.

Na introdução geral à *Iniciação cristã,* deparamo-nos com a opção dada às conferências episcopais de "manter elementos distintivos de quaisquer rituais locais já existentes, contanto que se conformem à constituição sobre a liturgia e correspondam a necessidades contemporâneas".[54] Mesmo que isso não tivesse sido implementado quando o novo ritual específico foi redigido, os catequistas podem, não obstante, incorporar em seu material instrucional os "elementos distintivos" que agreguem a fisionomia local ao rito revisado do Batismo. Esses elementos podem ter algo a ver com o papel especial dado pela tradição local aos padrinhos, a entrega do "sal da sabedoria", a persignação das várias partes do corpo da criança: testa, ouvidos, olhos, nariz, boca, peito e ombros, a colocação da estola sobre a criança e o formato e a cor específicos da veste batismal.

A introdução geral à *Iniciação cristã* oferece uma outra opção já mencionada em SC 65: "Nas terras de missão [...] seja também lícito [às conferências episcopais] admitir os elementos de iniciação que se encontram, em cada povo, na medida em que possam ser acomodados ao rito cristão".[55] As conferências episcopais decidirão se essas cerimônias de iniciação nativas devem ser incorporadas ao rito do batismo. Mas mesmo antes que se tome qualquer decisão sobre a questão, os catequistas deveriam considerar como essas cerimônias podem arraigar o sacramento

---

[54] *Ritual da iniciação cristã de adultos,* n. 30,2.

[55] *Ritual da iniciação cristã de adultos,* n. 31. Cf. CHUPUNGCO, *Liturgias do futuro,* pp. 128-130.

do Batismo nas tradições iniciatórias do povo e, assim, enriquecer sua compreensão desse sacramento. Aquilo com que estamos lidando aqui é, de certa forma, algo parecido com o lugar que a unção pós-batismal com crisma, o vestir a roupa branca e o entregar velas acesas ocupam na liturgia do Batismo. Esses gestos ilustram o significado e as conseqüências do sacramento. De forma semelhante, ritos de iniciação nativos podem, como referências culturais para a catequese litúrgica, ilustrar o significado do mistério cristão.

Entre as muitas opções oferecidas pela edição típica, as que dizem respeito ao rito do matrimônio merecem atenção especial.[56] Na introdução à edição típica do rito do matrimônio, deparamo-nos com uma série de mudanças possíveis que as conferências episcopais podem introduzir no ritual específico. Exemplos disso são a coroação ou o velamento da noiva, a omissão ou substituição por outros ritos do juntar as mãos e da troca de anéis e a assimilação de costumes matrimoniais nativos, contanto que não estejam indissoluvelmente vinculados à superstição e ao erro e possam ser harmonizados com o verdadeiro e autêntico espírito da liturgia.[57] Onde forem aplicáveis, essas e outras opções, incorporadas no ritual específico ou não, são materiais que os catequistas podem utilizar amplamente como ilustrações locais da natureza e finalidade do sacramento do Matrimônio. Devido à sobriedade ritual e textual do rito do matrimônio, inclusive em sua edição típica de 1991, é possível que se necessite de habilidade e imaginação considerável para extrair dele material adequado para a catequese litúrgica. É necessário que os catequistas recorram a costumes, tradições e valores locais que não fazem efetivamente parte do rito sacramental, mas sejam capazes, não obstante, de enriquecer a compreensão que as pessoas têm do Matrimônio.

Um exemplo final é a opção de usar um outro tipo de óleo em lugar do óleo de oliva para o sacramento da Unção dos Enfermos, contanto que

---

[56] Cf. *Ritual do matrimônio*, nn. 39-44. Cf. CHUPUNGCO, *Liturgias do futuro*, pp. 148-160.

[57] Cf. *Ritual do matrimônio*, nn. 41-42.

seja derivado de plantas.[58] O papa Paulo VI, que introduziu essa mudança, muito bem-vinda e, de certa forma, revolucionária na disciplina do sacramento, justificou-a por motivos práticos e pastorais. Na constituição apostólica que promulga o rito revisado, ele explica que,

> uma vez que o óleo de oliveira, até agora prescrito para a validade do sacramento, não existe em muitas regiões e só pode ser adquirido com dificuldade, estabelecemos, a pedido de vários bispos, que, daqui em diante, segundo as circunstâncias, possa usar-se também outro óleo, desde que extraído de plantas, visto ser mais semelhante à matéria designada pela Escritura.[59]

A opção tem implicações práticas para a catequese litúrgica. Há regiões do mundo onde o óleo de oliva é algo praticamente inaudito. Pode exigir um esforço considerável explicar o que ele é e por que é usado para os enfermos em vez do óleo de coco local ou, no contexto da religiosidade popular, do óleo das lâmpadas que queimam diante das imagens dos santos. Em alguns lugares, as pessoas usam para os enfermos um tipo de óleo derivado de plantas conhecidas especialmente por sua qualidade medicinal. Em torno dessa tradição, surgiram, no decorrer do tempo, histórias que lembram a intervenção divina ou a preocupação da comunidade para com os enfermos. Essas histórias são transmitidas de geração a geração, e os catequistas certamente podem se valer delas para contextualizar a mensagem de Cristo e a preocupação da Igreja com os enfermos.

Os exemplos precedentes estabelecem a importância das edições típicas na inculturação ou aculturação da catequese litúrgica. De certo modo, as edições típicas são o ponto de partida prático para a inculturação do rito específico e da catequese litúrgica. Seria útil enfatizar uma vez mais, mesmo chegando a ser repetitivo, que a inculturação não consiste em criar um rito completamente novo, mas em traduzir o conteúdo do Rito Romano para os padrões culturais da Igreja local.

---

[58] Cf. *Ritual da Unção dos Enfermos e sua assistência pastoral*, n. 20; CHUPUNGCO, *Liturgias do futuro*, pp. 163-166.

[59] PAULO VI, Constituição apostólica sobre o sacramento da Unção dos Enfermos.

De forma semelhante, a inculturação da catequese litúrgica não reside na produção criativa de paraliturgias, desconsiderando os ritos litúrgicos apresentados pelas edições típicas. Os catequistas que usam paraliturgias poderiam correr o risco de separar a catequese litúrgica da liturgia. Celebrar paraliturgias para explicar o significado dos sacramentos só pode levar a uma tensão prejudicial e a um alheamento. Como resultado disso, os sacramentos podem se tornar ainda mais alheios à experiência religiosa da comunidade e, portanto, incapazes de afetar e evangelizar o padrão cultural dela. Porém, à parte dessa consideração, as edições típicas podem, como mostraram os exemplos anteriores, servir como trampolins para a inculturação da catequese, como de fato servem para a inculturação dos ritos litúrgicos.

As edições típicas podem guiar o curso da catequese litúrgica, mas não são o único fator para o sucesso da inculturação ou aculturação. Uma dose de realismo na realização de ritos litúrgicos pode ajudar os catequistas a manifestar as dimensões imaginativas e afetivas da liturgia e sua relação com a vida. Se Ambrósio de Milão podia falar, de uma forma pitoresca, sobre o Batismo como "a semelhança da morte e do sepultamento de Cristo", era porque o rito orientava os catecúmenos a mergulhar na piscina. Se ele podia designar a unção pós-batismal com crisma como "o odor da ressurreição", era porque o crisma era o que seu nome diz, ou seja, um ungüento perfumado.[60] Se Tertuliano podia nos informar que a unção pós-batismal "escorre sobre o corpo", era porque o óleo, que hoje em dia é usado com parcimônia, era derramado em abundância sobre a cabeça do neófito.[61] Hoje encaramos com desagrado o realismo excessivo e a ritualização viva da liturgia, mas o outro extremo pode desorientar e, às vezes, também perturbar. As três clássicas gotas de água no Batismo, o crisma rançoso e a hóstia branca chamada de pão eucarístico são alguns dos casos em que a liturgia se torna tediosa e insulsa. Não podemos exigir

---

[60] Cf. AMBRÓSIO DE MILÃO, *Sobre os mistérios*, 6,29.
[61] Cf. TERTULIANO, *O sacramento do batismo*, 7,1.

que os catequistas façam uma instrução litúrgica vibrante e sensível se nossa celebração carece do necessário realismo ritual.

Aculturação ou inculturação?

Com base nos exemplos envolvendo o uso das edições típicas, está claro que, onde as opções por elas apresentadas não foram incorporadas pelo ritual específico, o esforço de vestir a instrução catequética com roupagem cultural não chegará a cumprir o objetivo de inculturar a forma da catequese. Uma catequese plenamente inculturada pressupõe uma liturgia inculturada. Se, por um lado, a liturgia dos sacramentos é enxertada em linguagem, ritos e símbolos estranhos e, por outro, a catequese extrai seu material da experiência de vida e da cultura da comunidade local, deveríamos esperar um colapso na comunicação catequética. É claro que o oposto também é verdade. Um rito litúrgico inculturado e uma catequese inspirada por elementos estranhos terão o mesmo efeito desagradável sobre a comunidade. Dependendo, então, do estado efetivo da renovação litúrgica na Igreja local, a catequese alcançará a inculturação ou terá de se contentar com a aculturação.

A aculturação da catequese litúrgica

Podemos esperar que aconteça aculturação quando a celebração da liturgia, embora no vernáculo, ainda segue o padrão romano clássico de pensamento, linguagem, ritos e símbolos, em suma, quando a liturgia da Igreja local é extraída diretamente das páginas das edições típicas publicadas por Roma. A catequese, contudo, já progrediu na inculturação ao adotar o padrão de linguagem dos ouvintes e empregar os ritos, valores e imagens tirados da cultura e experiência de vida da comunidade. No entanto, esses fatores produzem uma situação de discrepância em que os catequistas terão de se contentar com a técnica de dublar a liturgia com equivalentes locais na esperança de comunicar a mensagem. Esse cenário não visa diminuir a utilidade da aculturação. Certamente não é a maneira ideal de renovar e atualizar a catequese litúrgica, mas muitas vezes é a única coisa realista a fazer, dada a situação efetiva da liturgia em uma série de Igrejas locais.

Os seguintes exemplos de aculturação mostrarão a dificuldade inerente ao método. No rito da recepção das crianças para o Batismo, a edição típica orienta o ministro a fazer o sinal-da-cruz na testa delas como expressão de boas-vindas na comunidade cristã.[62] Se os catequistas aplicarem o método de evocação cultural, muito provavelmente encontrarão dificuldade, dependendo do contexto cultural em que atuam, para explicar o sinal-da-cruz como um gesto de boas-vindas. A cruz dificilmente é um símbolo da "grande alegria" que a comunidade sente quando da recepção de crianças. Em algumas culturas, uma guirlanda expressa boas-vindas festivas, enquanto o sinal-da-cruz sobre a testa de uma criança tem uma significação apotropaica. Não seria uma tarefa simples fazer com que os dois mundos se encontrem.

Os catequistas encontram dificuldade semelhante no rito de vestir o recém-batizado com roupa branca.[63] Aqui a questão não é tanto a cor da roupa, que não precisa ser branca se a cultura assim o exigir, quanto o significado que se espera que ela projete. De acordo com a edição típica, ela é "o sinal exterior da dignidade cristã". Os catequistas que explicam a seus ouvintes o significado da dignidade cristã recorrendo à sua tradição cultural para obter esclarecimento, dão-se conta com demasiada freqüência de que a roupa batismal não comunica a mensagem. Essa é uma experiência comum dos catequistas naqueles lugares onde a roupa batismal é uma peça de tecido branco, se ainda for branco, parecendo um guardanapo colocado sobre o peito de cada criança. Além disso, na sociedade moderna, roupa de qualquer formato ou cor não indica a dignidade de uma pessoa, mas a peculiaridade da ocasião. Em sociedades

---

[62] Cf. *Ritual do batismo de crianças*, n. 43.

[63] Cf. *Ritual do batismo de crianças*, n. 81: "As crianças serão revestidas com a roupa branca ou de outra cor segundo a sensibilidade e os costumes locais, ou então se faça uma alusão à veste que já estão usando".

tradicionais, o formato e a cor da vestimenta, embora sejam observados com rigor, não são os únicos símbolos de dignidade. Uma pena de águia, um bracelete ou uma argola de tornozelo ou um enfeite na cabeça mostram a posição e dignidade de uma pessoa na comunidade. Os catequistas são, portanto, confrontados com a discrepância entre o simbolismo litúrgico e a expressão cultural. Dada a forma corrente da liturgia, essa discrepância muitas vezes é inevitável.

A discrepância não se limita a textos litúrgicos e ritos. Os acessórios litúrgicos contribuem com uma parte do problema. O próprio prédio da igreja, que tanto a teologia quanto a liturgia dotaram tão ricamente de simbolismo, torna-se com demasiada freqüência uma pedra de tropeço para os catequistas. Ele é a casa de Deus, ou seja, um templo onde Deus habita, ou é a casa da Igreja, isto é, "um prédio destinado única e permanentemente para reunir o povo de Deus e para realizar funções sagradas?".[64] A resposta, naturalmente, é que ele é as duas coisas, embora haja autores que tendem a enfatizar o último aspecto.[65]

A planta e o estilo arquitetônicos de uma igreja revelam o conceito teológico subjacente ao prédio. Embora, nos primeiros séculos, os cristãos, como o escritor Minucius Felix, declarassem que "não temos templos e não temos altares", a mudança da teologia do *domus Ecclesiae* para a do *domus Dei et porta coeli* aconteceu com bastante rapidez. Se os catequistas tendem a considerar o prédio da igreja como o lugar de encontro da comunidade cristã, provavelmente o associariam com salões comunitários, semelhantes ao tradicional *fale* do Pacífico Sul, ou com os modernos salões sociais de paróquias e escolas. Mas o contexto arquitetônico de uma igreja gótica talvez pouco incentive sua associação com um salão comunitário. Ou os catequistas talvez recorram, a título de ilustração, ao tipo convencional de templos budistas ou hindus que se encontram em sua região. Mas

---

[64] *Ritual da dedicação de igreja e de altar*, cap. 2.

[65] Cf. J. Boguniowski, *Domus Ecclesiae: der Ort der Eucharistiefeier in den ersten Jahrhunderten*, Rom, 1986; P. Cobb, The Architectural Setting of the Liturgy, in: *The Study of Liturgy*, London, 1979, pp. 473-480; L. Chengalikavil, La dedicazione della chiesa e dell'altare, *Anamnesis*, Genova, 1989, v. 7, pp. 101-109 [Ed. bras.: VV. AA., *Os sacramentos e as bênçãos*, São Paulo, 1993, pp. 76-127, Anamnesis 6].

eles receberão apoio da arquitetura de nossas igrejas modernas, que não projetam, ou não visam projetar, a imagem de um templo?

E quanto ao altar? A dupla natureza da Missa como refeição e sacrifício deu origem a um nome duplo para designar a parte central da mobília, que é chamada de "mesa" ou "altar". O *Rito da dedicação de um altar* antecipou a dificuldade e a resolveu inteligentemente ao afirmar que "o altar é a mesa para um sacrifício e para um banquete".[66] A afirmação é decididamente produto de uma engenhosidade teológica que visa manter um equilíbrio saudável entre os aspectos de sacrifício e de refeição do altar. Mas ela não nos diz se o altar deveria ter a aparência de um altar ou de uma mesa. Se os catequistas decidirem desenvolver o aspecto da Eucaristia como a mesa de família em torno da qual os membros se reúnem em intimidade, a realidade de um bloco imponente de mármore no santuário dificilmente se ajustaria a essa imagem.

Os exemplos precedentes apresentam o retrato da catequese litúrgica em situações em que o rito litúrgico permanece alheio à cultura da Igreja local. A liturgia e a catequese estão meramente justapostas. Diz-se uma coisa na catequese, e se vê e ouve uma outra na celebração litúrgica. A conclusão é evidente: uma catequese inculturada pressupõe uma liturgia inculturada. Como "a prática autêntica dos sacramentos tem forçosamente um aspecto catequético", o ideal é que a catequese litúrgica obtenha da liturgia o material instrucional que possa evocar experiência cultural. Em última análise, a obrigação da Igreja de fomentar a harmonia entre a catequese e o culto, ou a obra de evangelização e o exercício do múnus sacerdotal de Cristo, é fortemente condicionada por uma outra obrigação, ou seja, inculturar a liturgia das Igrejas locais.

A inculturação da catequese litúrgica

O que, então, significa catequese litúrgica inculturada? Significa que o padrão cultural, o sistema de valores e símbolos e as tradições da

---

[66] *Ritual da dedicação de igreja e de altar*, cap. 4, n. 3.

A INCULTURAÇÃO DA CATEQUESE LITÚRGICA

Igreja local, que já foram absorvidos mediante inculturação pela liturgia, são disponibilizados para a catequese. Implica que, para sua tarefa de comunicar a doutrina e espiritualidade dos sacramentos no contexto da cultura e das tradições da Igreja local, os catequistas não necessitam recorrer exclusivamente a materiais de fora. O rito litúrgico já possui os elementos que vinculam o conteúdo dos sacramentos com a experiência de vida das pessoas. Por causa disso, a própria liturgia prevalece na maneira como a catequese deveria desenvolver o mistério cristão. Ela é capaz de fornecer o material para a catequese e determinar o rumo e o método que os catequistas deveriam tomar.

Mas quando a liturgia não fornece aos catequistas o tipo de instrumentos necessários para evocar o contexto cultural, eles freqüentemente são abandonados aos seus próprios recursos arbitrários. O efeito disso sobre a catequese pode ser lamentável. O uso, por exemplo, de histórias reais, mas muitas vezes sem relação ou irrelevantes, de imagens artificiais e valores sociais remotos não faz outra coisa senão lançar um pesado manto de obscuridade sobre a natureza e a finalidade dos sacramentos. Muitas vezes, a doutrina ou a substância dos sacramentos se perde, então, na confusão das experiências pessoais evocadas, que nem sempre alcançam a dimensão de fé que se deseja de celebrações litúrgicas.[67] A inculturação da catequese litúrgica sem a inculturação prévia da liturgia pode cobrar um pesado tributo da obra de evangelização da Igreja.

A inculturação da catequese litúrgica consistirá, muitas vezes, em evocar padrões culturais, valores e estruturas sociais subjacentes aos ritos litúrgicos. A proposta de *Misa ng Bayang Pilipino*, ou Missa do povo filipino, que descrevemos anteriormente, oferece em várias ocasiões possibilidades concretas de aplicar a evocação cultural para ilustrar certos aspectos da celebração eucarística. No Ordinário Romano da Missa, a apresentação das oferendas se faz, para alcançar maior clareza estrutural, no início do rito do ofertório. A partir da perspectiva da cultura, no entanto, as oferendas são normalmente apresentadas ao anfitrião na chegada, e não

---

[67] Cf. *Maturing in Christian Faith*, nn. 399-404, pp. 213-216.

• • • 187 • • •

no meio da celebração. Se o pão e vinho e as outras oferendas visam ser oferendas, parece que o momento apropriado de apresentá-los é logo no início da Missa. Assim, a *Misa ng Bayang Pilipino* transferiu a apresentação das oferendas para o rito de entrada. Isso seria um tipo de padrão cultural a que os catequistas poderiam aludir para explicar o valor de ir à Missa com oferendas para compartilhar.

Outra peculiaridade ritual da *Misa ng Bayang Pilipino* é a Comunhão do sacerdote. O Ordinário Romano da Missa bem como as outras liturgias tanto do Oriente quanto do Ocidente se conformam a um sistema cultural de precedência ou ordem cerimonial. Assim, o presidente da assembléia comunga antes dos outros. Essa prática expressa liderança e reverência pelo seu ofício como sacerdote ordenado. Em contraposição a isso, a *Misa ng Bayang Pilipino* segue um padrão de hospitalidade e preocupação parental, que é distintivo da cultura de vários países do Pacífico Sul. Os anfitriões servem os convidados primeiro; de fato, os anfitriões não comem com os convidados, e os pais comem sua refeição depois que as crianças comeram o suficiente. A mensagem que a *Misa ng Bayang Pilipino* deseja comunicar não é diferente daquela proposta pelo Ordinário Romano da Missa, ou seja, o papel de liderança e consideração pela função sacerdotal. Porém, ao determinar que o sacerdote comungue depois que todos na comunidade tenham se servido, a *Misa ng Bayang Pilipino* visa situar o ministério eucarístico dos sacerdotes ordenados em um contexto cultural local. Os catequistas não precisam mais se desculpar pelo sistema cultural romano, que requer a observância da ordem de precedência, ou passar pelo incômodo de explicar que o primeiro é realmente o último.

Resumo

Em sua exortação apostólica *Catechesi tradendae*, o papa João Paulo II estabelece as diferentes condições que devem ser fielmente observadas ao inculturar a catequese. De certa forma, essas condições resumem os principais aspectos que foram levantados neste capítulo. As passagens

A INCULTURAÇÃO DA CATEQUESE LITÚRGICA

relevantes dessa exortação papal deveriam ser lidas levando em conta a distinção entre a forma e o conteúdo da catequese. Quanto à forma, o Papa ratifica o papel superior da catequese no diálogo que a Igreja mantém com a cultura de todo povo:

> Podemos dizer da catequese, como da evangelização em geral, que ela é chamada a levar a força do Evangelho ao coração da cultura e das culturas. Para isso, a catequese tem de procurar conhecer essas culturas e seus componentes essenciais; apreender as suas expressões mais significativas; saber também respeitar seus valores e riquezas próprios.[68]

Para que os catequistas evangelizem a cultura, o Papa lhes ordena conhecer, valorizar e respeitar a cultura específica em que trabalham. Deveriam examinar cuidadosamente seus padrões constitutivos, determinar seus mais importantes valores e símbolos e mostrar um profundo respeito por sua linguagem e suas tradições. Não fazer isso seria realmente como pregar no escuro ou proclamar fórmulas litúrgicas latinas para uma congregação que não as compreende. De certo modo, a forma e a arte da catequese litúrgica são semelhantes à forma e à arte da tradução litúrgica. A catequese, como a tradução, "deve ser fiel à arte da comunicação em todos os seus diferentes aspectos, mas especialmente quanto à mensagem em si, quanto ao público para o qual se destina e quanto à forma de expressão".[69] Isso implica, da parte dos catequistas, uma percepção exata da situação social e espiritual de seus ouvintes. Quanto à forma de expressão, os catequistas deveriam ter presente que a cultura não é uma mera destinatária da catequese litúrgica. A cultura deve interagir com a catequese e passar a fazer parte de seu esquema, material instrucional e método. É por isso que os catequistas precisam ter certa familiaridade com a cultura local.

Quanto ao conteúdo da catequese, o papa João Paulo II, como vimos anteriormente neste capítulo, lembra-nos de que o conteúdo

---

[68] João Paulo II, *Catechesi tradendae*, n. 53.

[69] Consilium, Instrução *Comme le prévoit*, n. 7.

INCULTURAÇÃO LITÚRGICA: SACRAMENTAIS, RELIGIOSIDADE E CATEQUESE

ou mensagem essencial da catequese não deve ser isolado da cultura bíblica, especialmente do Novo Testamento, em que foi inserido pela primeira vez, e tampouco, sob pena de sofrer uma perda grave, das várias culturas em que já foi historicamente expresso ao longo dos séculos. O Papa afirma com muita firmeza que a mensagem do Evangelho, que é o conteúdo essencial da evangelização, "não surge de maneira espontânea de nenhum substrato cultural; além disso transmite-se sempre através de um diálogo apostólico".[70]

Há certos aspectos do conteúdo da catequese que os catequistas deveriam levar em consideração no processo de inculturação bem como de aculturação. Com base na premissa de que o conteúdo essencial da catequese "transmite-se sempre através de um diálogo apostólico", o Papa conclui que ele não pode ser comunicado à parte do contexto bíblico da mensagem, especialmente do entorno cultural em que Jesus viveu. Os escritos patrísticos que examinamos empregam a tipologia bíblica com bastante freqüência na tentativa de vincular a mensagem dos sacramentos com a palavra bíblica. Há ritos litúrgicos que não podem, naturalmente, reivindicar nenhuma origem bíblica; eles foram emprestados de outras tradições culturais ou, pelo menos, inspirados por elas. No entanto, a tipologia bíblica consegue inseri-los na história da salvação. De alguma forma, eles participam do "diálogo apostólico". Os padres, especialmente Ambrósio e Cirilo de Jerusalém, mostraram-nos que a tipologia bíblica é uma companheira indispensável dos catequistas.

O conteúdo essencial da catequese, que é também a mensagem principal da liturgia, foi-nos transmitido através da pregação apostólica. Mas esse fato não deve fazer com que percamos de vista sua evolução subseqüente após a era apostólica. Ele cresceu ao longo dos séculos mediante o contato com as culturas em que a Igreja se estabeleceu. O papa João Paulo II exorta os catequistas a não descartar, no processo de atualização dos métodos e do material da catequese, os ganhos trazidos por esse contato. A catequese é uma realidade histórica. Ela não deve-

---

[70] JOÃO PAULO II, *Catechesi tradendae*, n. 53.

ria dar um salto repentino do mundo bíblico para os tempos modernos, contornando os vinte séculos que estão no meio. Ela é, como declara o Papa, "uma experiência tão antiga quanto a própria Igreja". A catequese litúrgica do período patrístico é sempre um ponto de referência, e assim também o são, até certo ponto, as exposições alegóricas medievais, o catecismo tridentino e os vários catecismos que foram produzidos desde o tempo do papa Pio X até o presente.[71] Os catequistas sempre têm algo a aprender do passado, mesmo que alguns de seus aspectos, como a alegoria e a abordagem moralista, obviamente não possam ser incluídos nos anais gloriosos da catequese litúrgica.

Uma consideração final toca o que o papa João Paulo II descreveu como "empobrecimento [da catequese], por abdicação ou atenuação da luz da sua mensagem e por adaptações, mesmo de linguagem, que porventura comprometessem o 'bom depósito' da fé, ou ainda por concessões em matéria de fé ou moral".[72] A inculturação, que é um tipo de tradução, sempre tem seus perigos e riscos, pois nenhuma tradução pode representar adequada e plenamente o pensamento original. Na área da catequese litúrgica, o perigo pode ser atenuado se os catequistas tomarem como sua fonte e orientação básica as edições típicas dos livros litúrgicos e, no feliz caso de que os ritos litúrgicos estejam inculturados, também os rituais específicos da Igreja local. Esses livros não visam sufocar a renovação da catequese, mas orientar o curso do progresso com a mão segura da tradição litúrgica.

---

[71] Cf. G. CAVALLOTTO, The Council of Trent and the Origins of Modern Catechesis, GT, pp. 138-167; id., Contemporary Catechesis from Pius X to Our Own Times, ibid., pp. 168-187.

[72] JOÃO PAULO II, *Catechesi tradendae*, n. 53.

Impresso na gráfica da
Pia Sociedade Filhas de São Paulo
Via Raposo Tavares, km 19,145
05577-300 - São Paulo, SP - Brasil - 2008